KB140085

북한이주민과 미시환경

부모, 친구와 행복

남북한 문화비교 총서 ⑤

북한이주민과 미시환경

부모, 친구와 행복

전주람 ㅣ 곽상인 ㅣ 김유진

한국학술정보

○ 들어가는 글

    남북한 문화비교 연구총서는 학계에만 국한되어 출간되는 연구물을 대중화할 필요가 있겠다는 기대로부터 기획되었습니다. 2020년 여름, 전주람은 학회지에 북한이주민의 생생한 증언을 담는 작업을 하고 있었습니다. 그때 한국학술정보출판사에서 연구자들이 그간 학술지면에 발표한 논문을 단행본으로 엮는 작업을 한다는 광고를 보게 되었습니다. 그래서 한국학술정보 이강임 팀장님과 만나, 딱딱한 북한 관련 총서에서 벗어나 북한이주민의 생생한 증언을 담아내는 방식의 남북한 문화비교 연구총서를 엮자는 데 의견을 모았습니다. 그간 북한이주민들의 심리 · 사회적 자원을 시작으로 가족관계와 문화, 복지, 직장 생활 및 연애와 성과 사랑 등에 이르기까지 다양한 연구를 현장 인터뷰 방식으로 진행해 왔었는데, 그 내용을 남북한 문화비교 총서로 엮는다면 보다 많은 독자가 쉽게 내용을 접할 수 있지 않을까 판단했습니다.

    남북한 문화비교 총서는 '일상생활(daily life)'을 주된 연구 영역으로 삼았습니다. 북한이주민의 일상생활이 어떠한지 자세히 살피고자 했습니다. 이를 통해 북한이주민에 관하여 고정되어 온 부정적 편견과 고정 관념을 걷어내고, 그들을 새로운 관점으로 바라보는 태도를 갖게 하고자 했습니다. 이 총서는 북한이주민이 누구인지에 관한 인식 제고의 전환점과 담론을 제공해 줄 것이라 기대합니다. 대한민국 국민이 북한이주민에게 쉽게 다가가고 그들을 이해할 수 있는 좋은 자료가 될 것입니다. 궁극적으로는 향후 남북한의 사회문화적 통합에 중요한 기초자료로 활용될 수 있을 것이라고 기대합니다.

프랑스 철학자 앙리 르페브르(Henri Lefebvre)는 일상생활을 인간의 전체성 관점에서 설명하였습니다. 자세히 보면 인간은 욕구의 차원, 노동의 차원, 놀이와 즐거움의 차원으로 존재가 파악되며 이세 가지 요소가 유기적인 관계로 통합될 때에만 비로소 인간의 참된 모습이 현실화된다고 하였습니다. 즉 인간이 생존하기 위해서는 모든 물질적·신체적 욕구가 충족되어야 하고, 동시에 그의 욕구를 충족시키기 위하여 일하지 않으면 안 된다고 언급한 것입니다. 일상을 다루는 것은 결국 일상성을 생산하는 사회, 우리가 살고 있는 그 사회의 성격을 규정짓는 것이므로 진지한 연구대상이 되어야 마땅합니다. 일상이 매일 되풀이되고, 보잘것없어 보이고, 지루한 업무의 연속처럼 느껴지고, 익숙한 사람과 사물의 잦은 마주침으로 가득 차 보일지 몰라도, 중요한 사실은 일상이 바탕에 있어야만 사건이 일어난다는 것입니다. 이처럼 일상생활 연구는 사회

전체에 대한 평가와 개념화를 함축하므로, 일상성을 하나의 개념으로만이 아닌 '사회'를 알기 위한 바로미터가 되기에 중요합니다. 따라서 남북한 문화비교 총서에서 북한이주민의 일상생활 모습을 전방위적으로 깊이 탐색하는 것은 사회문화적 통합 영역뿐만 아니라 실천적으로도 긴요한 일이라 할 수 있겠습니다.

총서 시리즈물의 다섯 번째인 『북한이주민과 미시환경: 부모, 친구와 행복』편은 가족학이라는 학문적 토대에 '북한'이라는 영역을 끌어들인 것입니다. (인)문학과 문화현상, 통일과 북한이주민에 대해 연구하고 있는 서울시립대학교 교양교육부 곽상인 교수님, 탈북 가정을 방문하는 서비스러닝으로 인연을 맺은 서울시립대학교 경제학과에 재학중인 김유진 학생과 함께 북한이주민의 미시환경이 어떠한지 주목하였습니다. '일상생활'이라는 개념을 북한이주민에게 적용하면 어떤 내용이 담길지 고민과 숙의의 과정을 거쳤습니다. 결국 그들의 생생한 언어를 채록하는 일이 급선무라 판단했습니다. 그리하면 독자들이 이 책의 내용을 쉽게 이해할 수 있으리라 판단했습니다. 그 숙고의 여정 안에서, 필자들은 미시환경 중에서 '부모, 친구와 행복'이라는 키워드를 중심으로 지식과 현장 활동 내용을 이 책에 담았습니다.

1부에서는 탈북청년과 미시환경에 관한 개괄적인 설명을 했습니다. 더불어 그들에게 가족 미시체계와 사회공동체인 친구 및 학교환경이 어떠한 이유로 중요한지를 살폈습니다. 이는 북한이주민이 일상생활을 보다 안정적으로 영위하기를 바라는 마음에서였습니다.

2부에서는 행복, 부모, 친구라는 키워드를 중심으로 청년들의 증언을 담았습니다. 우선 남북청년들에게 행복이란 무엇인지를 묻고 그 개념과 조건을 정리했습니다. 다음으로 탈북청년들이 선호하는 부모 스타일은 어떠한지, 그들에게 친구란 과연 어떠한 존재인지에 관해 물었습니다. 아울러 그들의 미시환경에서 주요 인물인 부모와 친구에 관한 신념을 담았습니다.

마지막 3부에서는 한밭누리재단 프로젝트였던 온라인 부모교육 프로그램 활동을 바탕으로 현장에서 활동한 내용들을 소개하였습니다. 이러한 현장에서의 활동을 통해 필자들은 북한이주여성의 자녀양육 실상이 어떠한지 살펴볼 수 있었습니다. 아울러 현장 활동 사례를 정리하면서 남북인이 문화적 시너지를 낼 수 있는 사회통합의 길이 무엇인지에 관해서도 생각해볼 수 있었습니다. 이는 남한의 일상을 경험하는 그들을 이해하는 것이자, 그들이 속한 사

회를 이해하는 것이기도 합니다. 요컨대 〈남북한 문화비교 총서〉
는 남북인이 조화롭게 어울릴 수 있는 일상 문화를 찾아나가는 데
중요한 기초자료가 될 것입니다.

2024년 4월

서울시립대학교 창공관에서

전주람 · 곽상인 · 김유진

○ 목차

제1부

탈북청년과
미시환경

제1장 탈북청년과 가족 미시체계

한국사회에 존재하는 북한이주민들의 수는 과거에 비해 상당히 많아졌다. 물론 코로나 시기에 그 수가 줄었지만 2023년 코로나가 해제된 시점부터 다시 증가 추세에 있다.[1] 이 중에서 연령별로 보면 20~30대 젊은 층이 50% 이상으로 과반수를 차지하고 있다.

탈북청년들은 남한에서 어떠한 일상을 살아가는가? 그들은 최근 통일사회의 변동을 간접적으로 증명하는 자들이자, 미래 사회의 정치, 경제 및 사회 분야에서 주도적으로 역할을 하는 자들이다(장민수, 이재철, 2016; 정영선, 2018). 하지만 전반적으로 탈북청년들에 대한 연구가 상대적으로 다른 연령층에 비해 미흡하다고 지적된 바 있다. 이러한 측면에서 탈북청년들의 대표적인 근접환경인 가족과 학교를 중심으로 그들의 미시체계를 살피는 것은 필요한 작업이겠다.

한국사회 북한이주민 관련 연구는 최근 정치적이고 거시적인 담론 중심에서 점차 일상생활(daily life)에 대한 관심으로 확대되고 있다. 특히 '가족(family)'은 그들의 적응에 분명 큰 역할을 하는 것

---

1 한국사회에 거주하는 북한이주민의 수는 1998년도 947명, 2010년에는 20,400명, 2023년 12월 기준 총 34,078명으로 인원이 증가하고 있다(통일부, 2024).

으로 보인다(윤인진 등, 2007; 김현아 등, 2012; 조은숙 등, 2020). 적응 과정에서 발생하는 고립감, 우울과 불안과 같은 정서적인 문제와 문화적 적응 및 법률문제 등등은 가족 간의 지지와 결속을 통해 해결할 수 있는 주요한 변인으로 밝혀진 바 있다.

가족(family)은 사회의 기본단위이자 인간에게 가장 근접한 미시환경 체계이다. 가족은 무엇보다 개인의 인성발달과 가치체계가 형성되는 일차적 장소로서 북한사회의 변화 방향과 내용을 가늠할 수 있는 주요 단서를 제공할 수 있다는 점(김혜영, 2017)에서 중요하다. 또한 아직 북한이주민들의 일상생활(daily life)에 관한 연구의 필요성이 대두(정진아, 2013; 정은미, 2014; 최지영 외, 2021)되고 있지만 가족관계 관련 연구는 아직 미개척 분야라는 점에서 연구의 필요성이 있다.

북한과 관련하여, 그들의 일상을 밝히는 것이 필요하다는 견해가 학계에서 나오고 있다. 하지만 지금까지 북한관련 연구에서 일상의 모습을 밝히는 것이 필요하다는 의견들이 북한 연구의 하나의 패러다임으로 자리 잡으면서 여러 학문의 영역에서 일상생활 세계에 관해 연구가 시도되었지만, 북한의 일상생활 연구에서 다루는 주제는 북한 주민들의 생계와 관련된 시장과 노동, 체제와의 관계를 나타내는 통로로써의 관료, 북한 주민들 생애와 관련한 교육, 성 역할을 둘러싼 사회적 관계의 변화 양상을 드러내는 젠더 문제 등으로 비교적 한정되어 있다(최지영 외, 2021). 물론 북한에 대한 관심이 정치와 경제로부터 사회·문화로 확장되고 있음을 확인할 수 있지만(고유환, 2015), 가족 관련 연구에서는 상대적으로 미흡

한 실정이다.

1990년대부터 가족적 관점에 바탕을 둔 연구들로는 가족의 문화 특성 파악, 북한이주민 여성의 부모 신념 조사, 가족생활의 정착과제, 남북 사회통합 과정에서 여성·가족 쟁점과 정책과제와 북한 가족의 특징과 변화의 불균등성(안연진, 2012; 천희영, 옥경희, 2012; 홍승아, 2013; 김경희, 2017)을 파악한 것을 들 수가 있다. 더불어서 북한주민의 의식주 생활을 통해 북한의 사회변동 이해, 남한주민과 북한이주민의 생활 문화 특징 비교 분석, 『조선문학』 단편소설에 나타난 북한 결혼관(김소라 2015; 정은미, 2014; 정진아, 2013) 등이 탐구된 바 있으나, 가족관계 내에서 신념의 변화 과정을 체계적으로 밝힌 연구는 아직 미미한 상태다.

보통 '문화'라고 하면 자연 상태에서 벗어나 일정한 목적 또는 생활 이상을 실현하고자 사회 구성원에 의하여 습득, 공유, 전달되는 행동 양식이나 생활 양식의 과정에서 형성된 물질적·정신적 소득을 통틀어 이르는 것이다. 의식주를 비롯하여 언어, 풍습, 종교, 학문, 예술, 제도 따위를 모두 포함한다(국립국어원 표준국어대사전, 2024). 곧 태도, 가치, 신념 등을 모두 통틀어서 말하는 광범위한 개념으로, 본 저술에서는 인간의 모든 행위에 근간이 되는 '신념(信念)'에 주목하고자 한다.

심리적 의미로 보면 신념이란 어떤 사상(事象)이나 명제(命題)·언설(言說) 등을 적절한 것 또는 진실한 것으로서 승인하고 수용하는 심적(心的) 태도를 말한다(두피디아, 2024). 즉 인간이 의사를 결정하고 선택하는 가장 기초적인 렌즈로 작동한다고 볼 수 있겠다.

북한이주민들은 입남 후 자신의 신념에 관하여 다음과 같은 변화의 과정을 겪을 것이라고 예측된다. 그들이 지닌 신념은 일차적으로 북한사회에서 경험한 것, 그 삶의 현장에서 타인을 관찰한 것, 그 조직과 문화를 통해서 형성된 것이라 할 수 있다. 그런데 그 일차적 신념이 남한사회로 이동하면서 다른 국가 체제와 사회문화의 경험으로 인하여 흔들리게 되고 결국 신념의 일부는 이탈되거나 변형되고 한편으로는 창조되기도 한다.

북한이주민들은 이미 가족관계 영역에서 그들만의 신념 체계를 가지고 있기에, 남한사회에서 새로운 자극을 경험하면 기존의 신념과 충돌한다. 그러나 충돌을 넘어서서 일상생활을 영위해나가면 북한이주민들의 신념도 변하게 될 것이다. 그들 스스로 신념의 변화를 긍정적으로 느끼면 그 변화된 신념을 내면화하게 된다. 그리고 내면화된 신념은 다른 신념과 연결되어, 부가적으로 새로운 신념을 창조해낼 것이다.

신념 변화란 탈북청년들이 자신의 뿌리가 되는 문화와 어느 정도 단절되는 경험을 하는 과정에서 일부 신념이 해체되어 이탈되고, 이주한 사회에서 새로운 신념을 습득하며, 또한 그 상호작용하는 가운데 새로운 신념을 창출해 내는 문화적 변화과정을 뜻한다. 그들은 북한사회와 전혀 다른 정치, 경제, 문화 및 사회적 가치를 가진 사회 환경을 경험한 이유로, 한국사회에 적응하는 데 많은 어려움을 호소하나(주재원, 2018), '북한 사람'은 원사회(origin society)를 벗어나 입남 후 점차 '남한 사람'으로 변화해 나간다.

독일 국가를 선례로 보자. 동독인들은 전례 없는 체제 단절뿐만 아니라 심각한 문화 단절을 이겨내는 과정에서 자신들의 심리적·사회적 자원을 활용하였다. 그러면서 서독인과 자신을 구분하기 위해 '이등 국민'이라는 감정과 함께 한편으로는 '서독인과 다르다는 자의식'을 형성해 나갔다. 동독에서 생성된 부분문화는 서독의 동독화도, 동독의 서독화도 아닌 어떤 고유한 제3의 문화이다(함재묵, 2014). 또한 동독 여성은 통일 현실의 경쟁과 갈등에서 살아남기 위해 서독의 다원화된 가치관에 적응하는 한편, 자신들의 내면에 각인된 동독 고유의 여성적 정체성을 포기하지 않았다. 그리고 서독적 사회 환경을 수용하면서도 '동독인'의 의식은 버리지 않고 적응과 저항 사이에서 야누스적 얼굴로 현실에 대응하기도 했다(도기숙, 2007). 한국은 시대적 배경과 역사가 독일과 다르긴 하나, 북한이주민들 역시 한국사회에서 아직은 소수자로 살아가면서 그들만의 문화를 변화시키고 창조해 나가며 적응하고 있다.

요컨대 이 책은 탈북청년들의 일상생활 중에서도 미시환경에 초점을 두고 그들의 일상을 파헤쳐 보고자 한다. 한반도의 미래 주체가 되는 탈북청년들이 가족관계 영역에서 탈각시킨 신념들은 무엇인지, 또한 새롭게 습득한 신념들은 무엇인지 그들의 생생한 증언을 통해 이해할 수 있을 것이다.

제2장 탈북청년과 사회공동체: 친구 및 학교환경

사회공동체는 기존 연결망이 단절되는 경험을 하는 북한이주민들에게 사회, 경제적 적응의 과정이나 새로이 수립하게 되는 정체성에 매우 중요(염유식, 김여진, 2011)한 부분이다. 기존 사회공동체와 관련 연구를 살펴보면, 주로 북한이주민들에게 사회적 지지가 어떠한 긍정적 효과를 나타내는지에 관해 초점이 맞춰져 왔다. 북한이주민들에게 사회적 지지는 매우 중요한 극복자원이자, 그들의 심리적 적응을 예측하는 중요한 요소가 된다(김미령, 2005; 박윤숙, 윤인진, 2007; 최영아, 이주용, 김정규, 2009). 아울러 사회공동체에서의 신념체계는 삶의 과정에서 세계를 바라보는 렌즈로서, 인간의 행동을 활성화하거나 억제시키며 행동과 그 결과는 신념을 강화하거나 변화시킬 수 있다. 이러한 신념은 중요한 타자와 더 큰 세계와 교류하면서 지속적 과정 안에서 발달하면서 사회적으로 구성된다(Anderson & Goolishian, 1988; Hoffman, 1990). 따라서 사회공동체에서 신념체계의 내용과 변화과정을 살피는 일은 이주과정에서 발생되는 개인의 가치체계 변화 방향과 내용을 가늠할 수 있게 한다. 그리고 신념체계 변화과정을 원리와 구조 차원에서 밝힌 자료는 아직 미개척 분야라는 점에도 주목할 필요가 있다.

2022년 4월 기준 초중고 및 기타 특수학교에 재학 중인 탈북학생 수는 2,061명으로 나타났다(한국교육개발원 탈북청소년교육지원센터, 2023). 이 수는 2017년까지 증가하다가 점차 감소하였는데, 주된 특징으로는 탈북학생들이 일반 학교에 적응하지 못하고 대안학교로 이동하였다는 점이다. 이같은 사실은 탈북학생들이 남한 출생 학생들과 균형 있게 어울리지 못하는 현실을 반증하는 것이다. 이는 곧 학교에서조차 아이들의 사회적 통합이 성공적으로 이루어지지 않았음을 뜻하는 것이다. '학교'가 중요한 이유는 또래 친구들과 더 많은 시간을 상호 교류하기 때문이다. 특히 청소년들은 신체적 급변기를 맞이할 뿐만 아니라 인지적·사회적 측면에서도 또래관계가 매우 중요하다(Berndt, 1982). 그들은 긍정적인 친구 관계를 통해 자존감을 확보하고, 자신들의 고립감을 해소해 나갈 수 있다. 아울러 친구들과의 관계를 통해 보다 성숙한 대인관계 능력을 갖추며(Savin-Williams & Berndt, 1990) 어른으로 성장해 간다.

선행연구에 따르면, 탈북학생들은 남한 출생 청소년들에 비해 1~3세 많은 나이에 정규학교에 입학하는데 많게는 6세까지 차이가 난다고 한다. 이들은 이질적인 문화로 인해 남한 출생 친구들이 무슨 말을 하는지 알아듣기 어려워 또래문화 합류(이향규, 2006)에 고충을 겪는다. 또한 대체로 한국 출생 학생들에 비해 학업수준이 낮고 신체적으로 열악한 조건을 지녀 따돌림을 당하거나 학교 중도탈락, 일탈행위 등의 부적응으로(박윤숙, 2009) 이어지기도 한다. 그리고 무엇보다 북한 사람을 바라보는 한국사회의 불편한 시선으로 인해 차별과 괴롭힘, 놀림을 당하기도 한다(김명선, 2014). 이러한 현실은 탈북학생들이 자신의 정체성을 숨기는 방향으로 돌파구를 찾기도 하며(정진경, 정병호, 양계민, 2004), 폭력성과 분노를 건강하지 못한 방식으로 표출하는 부적응도 보이게 된다.

탈북학생들은 자신들이 '남한 출생 학생'들과 동등하게 취급받

기를 원한다. '북한 출신'이라는 이유만으로 남한 출생 또래들과 경계 지어지거나 소외되는 경험들은 그들이 미래를 향해 나아가는 데 방해요소가 된다. 따라서 학교와 관련하여 무엇보다 편견과 차별이 최소화되는 환경을 조성하기 위해 노력해야 할 것이다. 앞으로도 그들이 지닌 다중정체성의 강점과 자원을 드러내고 한국사회에서 개성 있고 고유한 정체성을 형성해 나갈 수 있기를 희망한다.

제2부

(청년들의 증언으로
살펴보는)
탈북청년과 행복,
부모와 친구

○

제1장 남북청년에게 행복이란 무엇인가

이 장에서는 남한출신 청년들이 주관적으로 인식하는 행복 경험이 어떠한지 살피고, 이어서 북한출신 청년들이 말하는 행복의 개념에 관해서도 귀를 기울일 것이다. 출신 배경과 가정 환경은 서로 다르지만 몇몇 청년의 증언을 통해 행복이 무엇인지를 살필 수 있는 기회가 마련될 것으로 기대한다.

1) 남한 출신 청년들의 행복 경험

전주람은 2021년 남한 출신 청년들이 어떠한 행복 경험을 하였는지 몇몇 청년을 대상으로 탐구하였다. 일차적으로 남한 출신 남성 청년들을 대상으로 집단초점면담법을 활용하여 인터뷰하였다.[1] 그 내용 중 일부는 2021년 『한국문화융합』 43권 9호에 〈포토보이스 방법론을 활용한 남자 대학생의 행복경험에 관한 연구〉라는 제목으로 최경과 함께 게재한 바 있다. 이 내용을 통해 남한 출신 청년

---

1 전주람과 최경은 2021년 『한국문화융합』 43권 9호에 〈포토보이스 방법론을 활용한 남자 대학생의 행복경험에 관한 연구〉라는 논문을 게재한 바 있다. 여기서는 학회의 재수록 동의를 얻어 연구에서 다루지 못한 증언을 자세히 대화체로 소개하고자 한다.

들이 이야기하는 행복의 개념과 조건에 관해 생각해 볼 수 있었다.

인터뷰: 2021년 7월 15일~7월 24일(총 2회, 각 2시간씩 약 4시간)

대상자: 강빈, 문혁재, 이현, 김준, 서중기(가명) (총 5인, 모두 남성)

진행 및 전사 구성: 전주람

글 정리: 곽상인

〈첫 번째 시간〉

전: 제가 드리는 질문에 돌아가면서 다 빠지지 말고 한 번씩 말씀해 주시면 될 것 같고요. 그리고 맞고 틀린 것이 없으니까 그냥 충분히 많이 이야기해 주는 것이 연구자에게 도움이 될 것 같아요. 첫 번째, 행복이란 무엇이라고 생각하는지 궁금합니다. 행복이란 무엇이라고 생각하세요? 아주 많이 들은 단어일 거예요. 그죠? 어떻게 보면 식상하리만큼 많이 들은 단어일 수도 있습니다. 우리는 평소 "더 행복하세요. 행복해지면 좋겠어요"라는 식으로 덕담도 하고 그러잖아요. 행복은 무엇이라고 생각하세요?

문: 제가 스스로 생각해 본 행복이란 여유를 갖고 하고 싶은 것을 하는 것입니다. 마음의 여유가 없다면 행복을 즐기기보다는 쫓기는 삶을 살게 되는 것 같다고 생각해요. 저는 또한 하고 싶은 것을 통제당한다면 그것을 통해 얻을 수 있는 감정도 통제되는 것이고, 이런 것 때문에 제가 생각하는 행복이란 여유를 갖고 하고 싶은 것을 하는 것이라고 생각해요.

전: 여유를 갖는 것? 살다 보면 학생도 그렇고 가르치는 사람도 그렇고 너무 바쁘잖아요. 현실적으로 가능한 일일까요?

문: 어떤 학업적인 일과 별개로 여유를 갖는다는 것은 그런 것에서 좀 더 벗어나는 삶? 그런 것을 추구하는 삶? 그것이 여유를 갖는 것이라고 생각합니다.

전: 추구하는 것? 현실은 그렇지 못할지라도 뭔가 여유를 추구하는 것? 구체적으로 여유를 찾을 수 있는 방안이 있을까요?

문: 구체적으로 여유를 찾을 수 있는 방법은 어쨌든 자기만의 시간을 갖기 위해서는 주어진 일을 다 끝내야만 하는 거라고 생각해요. 그렇기 때문에 계획적인 삶도 필요한 것이고 정해진 시간에 필요한 것을 해야 하기 때문에 자기 관리가 굉장히 중요하다고 생각합니다.

전: 이때 여유를 찾는 것은 내가 하는 일이나 업무나 공부나 이런 것을 다 끝내고 난 다음이라는 거네요. 이것을 빨리 효율적으로 끝내기 위해서 자기 관리가 필요하다? 어떻게 보면 행복의 가장 중요한 요소는 자기 관리일 수 있다고 할 수 있겠네요. 자기 관리란 구체적으로 어떤 것이 있을까요?

문: 자기 관리란 시간을 낭비하지 않기 위해서 최대한 일찍 자고 일찍 일어나는 습관을 갖도록 하고 그리고 참 아깝게도 어딘가로 이동을 할 때는 길거리 위에서 버리는 시간도 많기 때문에 이런 시간에 독서를 한다든가 그런 시간을 잘 활용하면 좋을 것 같아요.

전: 자투리 시간이나 이동 시간이나 우리가 낭비할 수 있는 시간을 잘 활용한다, 좋은 방법이네요. 예전에 지하철에서 책을 보면 내용이 잘 들어오기도 하고⋯ 또 자기 관리를 하기 위한 예시 같은 것이 있어요?

문: 저는 잠을 오래 자는 편인데 제가 체력이 부족하다고 생각해서 오래 자는 것 같아요. 그래서 주기적으로 운동하려고 노력하고 있습니다.

전: 체력이 어느 정도 받쳐주어야 일을 하니까⋯ 그게 중요하네. 체력적으로 여유가 있으면 무언가를 더 할 수 있다, 좋아요. 강빈, 행복이란 뭐라고 생각해요?

강: 저는 행복을 크게 두 가지로 나누어서 생각하는데요. 첫 번째는 큰 행복이라는 것이 있고 두 번째는 작은 행복이라는 것이 있어요. 큰 행복이란 생일이나 기념일, 크리스마스 때 느끼는 기분. 아니면 대학교 합격했다, 어디에 취직했을 때 느끼는 행복을 큰 행복이라고 저는 정의하고 있고요. 작은 행복은 사람들이 말하는 소확행이 있잖아요. 일상생활에서 제가 느낄 수 있

는 소소한 행복 같은 것들이요. 예를 들어 제가 좋아하는 농구를 한다든지, 요리를 한다든지, 이런 느낌의 행복을 작은 행복이라고 하거든요. 여기서 큰 행복과 작은 행복의 '크다, 작다'의 의미가 행사의 규모에서 오는 것이지, 큰 행복을 느낀다고 작은 행복보다 크다는 의미는 아니라고 말씀드리고 싶어요.

전: 앞의 큰 행복은 뭔가 이벤트가 되는 것이 많네. 입학을 하거나 생일이거나 여자친구와 300일을 보내거나. 명확하게 구분이 안 되는 부분도 있겠지만 어쨌든 그렇게 분류를 해 볼 수 있겠네. 최근에 소소한 행복은 어떤 것을 했을 때 느껴지셨나요?

강: 최근에는 제 집 주변 편의점에서 알바 하는 친구가 있어요. 그 친구가 10시쯤 끝나는데 그때 만나서 새벽 공기 마시면서 걷는 것? 그것 하나가 있고, 걔 데려다주고 나서 2~3km 러닝 하는 것도 행복했고. 뛰고 나서 집에 와 샤워하고 맥주 마시는 것이 하나의 소소한 행복이고요.

전: 이야기만 들어도 너무 좋다. 그렇죠? 편의점 친구가 알바 끝나는 시간에 가서 더운데 파라솔에서 수다를 떨다가 러닝 하고 집에 와서 맥주 마시고….

강: 네. 딱 그렇게요. 그런 것 말고도 친구랑 새벽에 가끔 만나서 불이 꺼진 농구장에 가서 농구 연습하는 것도 진짜 재미있어요. 거기에서 행복을 느껴요.

〈새벽 농구 후 걸어온 새벽길〉[2]

---

2 그는 새벽에 뛰는 러닝, 그리고 러닝 후에 '회복 걸음'을 할 때 잡생각이 정리된다고 했다. 그리고 자신의 미래에 대해 한 번 더 생각할 수 있는 기회가 되기 때문에 이 사진이 특별하다고 하였다.

전: 엄청 부지런한가 보다. 둘 다.

강: 네. 약간 둘 다 비슷해서 그래요.

전: 몇 시에 농구를 하러 가?

강: 거의 밤 10시에 만나서 새벽 1, 2시까지 해요.

전: 불 다 꺼져 있을 때? 그거 뭔가 새로운 기분일 것 같아. 불 다 켜져 있고 다른 사람이 있을 때 농구하는 거랑은 다른 우리들만의 공간? 그런 느낌이 좋네요. 또 김준은 어때요?

김: 현재 어떠한 것을 긍정적으로 자신이 받아들일 수 있는 것? 그것이 저는 행복이라고 생각하거든요.

전: 중요한 것이네. 아무리 좋은 것이라도 내가 긍정적으로 받아들이지 못하면 사실 소용이 없는데. 그럼 어떻게 긍정적으로 받아들일 수 있어? 매일 좋은 일만 일어나는 것은 아니잖아.

김: 좋은 일만 일어날 수 있는 것은 아니지만 불행한 일이 일어나는 상황에서도 좀 긍정적으로 바라볼 수 있는 시선을 기르는 것이 행복함을 느낄 수 있는 비결이 될 수 있지 않을까 생각해요.

전: 뭔가 좋은 일이 생길 수도 있고 안 좋은 일이 생길 수 있는데 안 좋은 일이 생기더라도 좋은 점, 긍정적인 부분을 보는 것이 필요하다는 말이네. 그런 것은 어떻게 볼 수 있어요?

김: 그렇게 어렵지는 않아요. 생각보다 행복이 멀리 있다고 생각하지 않거든요.

전: 어떻게 그런 생각을 할 수 있어요?

김: 뭔가 강빈이 말씀해 준 것처럼 친구랑 농구를 한다든지 아니면 자기가 좋아하는 음식을 먹는다든지 자기가 좋아하는 것은 쉽게 찾을 수 있잖아요. 어떤 사람에게 있어서 먹는 것이 큰 행복이 될 수도 있고요. 저는 주위에 행복의 요소들이 많이 있다고 생각해서 항상 좋은 일이 있는 것은 아니지만 힘든 상황에서도 주위의 긍정적인 시선을 기르거나 자기에게 맞는 것을 찾

아서 할 수 있는 것을 하는 것이 행복이 아닐까 생각해봤어요.

전: 멀리 있는 것이 아니네요.

감: 전 가까이 있는 것이라고 생각해요.

전: 예를 들어줄 수 있어요?

김: 저는 뭔가 특이한 사람이라 혼자 있는 것도 좋아하고 같이 있는 것도 좋아하거든요. 그래서 부모님과 시간을 보내는 것도 너무 행복한 일이고요. 아니면 혼자 있을 때 제가 축구 보는 것을 좋아하거든요. 관람하는 것도 저에게는 큰 행복이고 아니면 학교 끝나고 집에 와서 과제 하다가 떡볶이 먹는 것도 행복이고. 사촌 동생이 있는데 나이가 어리거든요. 동생이랑 연락을 하는 것도 저에게는 행복이에요. 그러고 보니 많은 것 같아요.

전: 주변에서 어떻게 찾을 수 있을까? 원래 타고나기를 긍정적으로 타고난 건가?

김: 어릴 때부터 긍정적이지는 않았던 것 같은데 오히려 제가 부정적이었던 것 같아요. 제 자신이 부정적이니까 바꾸어보려고 제 주위에서 찾아보니까 그렇게 된 것 같습니다.

전: 이야기만 들어도 편하고 좋네. 서중기는 어때요?

서: 기본적으로 김준이랑 비슷한데 구체적으로 저는 행복이란 욕망을 충족시키는 것이라고 생각합니다.

전: 인간의 욕망? 되게 어려운 이야기다. 어떻게 충족을 시킬 수 있을까?

서: 일단 사고 싶은 물건이 있으면 알바를 해서 열심히 돈을 모으고 고등학교 때 ○○대에 오고 싶어서 열심히 공부를 한 것도 욕망을 실현하는 것이고….

전: 또 있어? 최근에 나의 욕망을 실현했던 소소한 일들?

서: 나중에 사진에도 나오겠지만 무선 게임 마우스를 가지고 싶어서 거금을 들여 샀습니다.

전: 10만 원이나 주고 샀다고 그랬지? 헤드셋도 비싼 것 사고. 이런 것을 좋아

하네. 전자기기.

서: 네. 컴퓨터 주변기기.

전: 내가 알바를 해서 비싼 마우스를 사면 얼마나 기분이 좋을까? 그런데 그 비싼 마우스를 쓰면 달라?

서: 저는 컴퓨터도 많이 하고 게임도 하니까 사용해 보면 다릅니다.

전: 뭐가 달라?

서: 무선 마우스 중에서는 한국에서 판매하는 것 중에 제일 좋은 것으로 알고 있습니다. 제일 가볍고 제일 빠른 것으로 알고 있습니다.

전: 마우스도 속도가 있구나.

서: 무선 연결되는 것이 있거든요. 옛날 제품은 하다가 끊기는데 이것은 그런 것이 없다고 해요.

전: 그런 것을 샀을 때 어떤 감정이 들었어요?

서: 그것을 사는 것도 행복하고 그것을 이용하는 것도 행복한데 사고 싶은 것을 사기 전 제가 노력하는 과정도 의미 있는 것 같아요.

전: 일하는 것은 힘들잖아. 누가 사주면 더 좋잖아.

서: 솔직히 그렇기는 한데 목표가 있어야 활동하지 않을까요?

전: 내가 목표치를 두고 작든 크든 그것을 이루기 위해서 노력을 하네. 대학 입학이든 마우스든. 그 목표를 이루면 성취감이 드는 건가요?

서: 그런 것 같아요.

전: 내가 노력을 해서 이것을 샀다는 거구나. 이현은 어때요?

이: 저도 앞서 말씀하신 것처럼 결핍이 있으면 충족시키는 과정에서 행복을 느끼는 것 같아요. 계속되지는 않고요.

전: 간단한 사례가 있을까요?

이: 코로나가 생기면서 밖에서 하는 일을 많이 못 하게 되었는데요. 친구들과 오랜만에 술자리를 갖거나 친한 친구와 대화를 할 때 느끼는 것 같아요.

전: 술이 중요한 거야? 관계가 중요한 거야? 사람이 중요한 거야?

이: 전 사람이 중요한 것 같아요.

전: 그런 일을 하면 나에게 어떤 변화가 생겨요?

이: 변화? 잘 모르겠어요. 변화는 딱히 잘 모르겠어요. 소통되는 것 같고 평상시 친구들과 연락은 하지만 따로 만나서 이야기를 하면 다르니까. 소통하면 잘 모르겠어요.

〈친구와 칵테일 한 잔〉

전: 말을 하다 보면 정서적인 교류가 생기게 되는 거고, 답답한 마음이든 좋은 마음이든 나누게 되고 소통이 되고 그것이 좋은 거네. 행복과 직접적인 연관이 되는 거네. 사람과 직접 만나는 것이 중요한 것일 수 있겠네.

이: 저는 그렇게 느끼는 것 같아요.

전: 대화가 중요한 것 같아. 한마디로 이야기할 수는 없지만 답답한 마음이 풀릴 수 있고 해결되지 않았던 것을 친구들이 솔루션을 줄 수도 있고, 맛있는 것을 먹는 자체가 행복할 수도 있고. 5명이 이야기한 행복을 들어보면 일

상에서 느끼고 경험한 것과 많은 차이가 있네요. 아주 멀리 보라카이나 미국에 있지 않고. 두 번째, 행복을 무언가로 비유해본다면? 은유법으로 한 문장으로 만들어본다면 어떻게 표현할 수 있을까요? 임의로 적어준 학생도 있는데 한 명씩 이야기해 볼까? 김준 먼저 해 볼까?

김: 저는 '행복은 눈이다'라고 생각하는데요. 하늘에서 내리는 눈. 뭔가 눈 하면 새하얗잖아요. 새하얀 이미지는 긍정적인 이미지, 밝은 이미지를 준다고 생각하거든요. 행복도 마찬가지로 불행하기보다 긍정적인 이미지를 떠올릴 수 있어서 우선 그 점에서 공통점이 있다고 생각해요. 행복하다고 하면 추상적이어서 그 개념을 이야기할 때 쉽지 않을 것 같아요. 눈도 마찬가지로 잡으면 녹듯이 쉽게 잡을 수 없다고 생각했어요. 눈이 내리면 설레는 마음이 가득하거든요. 눈이 계속 오면 질리기도 하고 그만 왔으면 좋겠다고 생각하는데요. 행복하면 처음에는 좋다가 계속 진행되면 무뎌질 수 있어서 이것도 눈과 같다고 생각했어요. 그렇게 무뎌지다가도 여름이 오고 가을이 오고 겨울이 왔을 때 다시 눈을 보면 설레듯이 행복도 단기간에 질렸다가도 오랜만에 오면 설렘을 느끼는 것이 눈과 닮았다고 생각했어요. 아까 주위의 모든 것이 행복이 될 수 있다고 말했는데 눈도 하늘에서 무수히 내리잖아요. 무수히 내리는 눈처럼 행복도 주변에 무수히 많다는 것을 시각적으로 나타내는 부분이 있다고 생각했어요. 행복이 눈과 비슷하다고 생각해서 눈으로 표현해 봤어요.

전: 진짜 기가 막힌 표현이다. 철학적이기도 하고. 또?

문: 저는 행복을 '행복이란 마약이다'라고 정의 내려 보고자 합니다. 그 이유는 마약과 같이 행복도 한 번 겪었다면 끊임없이 갈망하게 되기 때문이죠. 불행을 원하는 사람이 없듯이 사람은 행복해지기 위해 노력하는 존재입니다. 매일 우울하게 또는 편치 않은 감정을 갖고 살고자 하는 사람은 없지만 반면에 행복하게 살고자 노력하고 사는 사람은 많죠. 그렇게 행복했던 기억이 머릿속에 오랫동안 남는 이유는 그것을 잊지 못하기 때문입니다. 이러한 기억들이 더 행복을 갈망하게 하고 그렇기 때문에 행복은 마약이라고 표현하고 싶습니다.

전: 유사점이 있네요. 서중기는?

서: 저는 '행복이란 도착지'라고 생각합니다. 왜냐하면 아까도 말씀드렸다시피 도착지를 향해서 열심히 달려나가는 그런 과정 속에서 편하지는 않겠지만 힘들어도 그 과정도 저에게는 굉장히 의미가 있고 열심히 달려서 결승점을 통과했을 때 성취감도 많거든요. 그래서 행복이란 결승점, 도착지라고 생각합니다.

전: 좋은 비유입니다. 강빈은?

강: 저는 '행복이란 시간이다'라고 생각합니다. 왜냐하면 행복과 시간은 유한하다는 점에서 비슷하다고 생각하는데요. 다른 사람들은 시간이 흐르니까 무한하다고 생각하지만 제 생각에는 제가 살고 있는 시간은 유한하다고 생각하거든요. 이렇게 연구하고 있는 와중에도 시간은 흐르고 있고 과거는 돌아오지 않잖아요. 그리고 만약에 제가 죽게 되면 시간은 끝나니까 유한하잖아요. 행복도 그것과 비슷하다고 생각합니다. 왜냐하면 행복은 언젠가 저에게 한 번 왔다가 언젠가 사라지기 마련이거든요. 그런 점 때문에, 유한한 점 때문에 비슷하다고 생각했고요. 그다음에 시간과 행복이 비슷한 점은 걔네들은 항상 제 주위에 있다? 제 곁에 있다고 생각하거든요. 잘 보이지는 않지만 시간 같은 경우는 일상생활 속에서 인식하지 못하고 지나가잖아요. 예를 들면 농구 시합에 나갔는데 쿼터 동점 상황에 3초가 남았어요. 제가 공을 들고 있어요. 그 3초라는 시간이 저에게는 소중하게 느껴지잖아요. 행복도 마찬가지인 것 같아요. 친구를 만나고 친구랑 술을 먹고 새벽에 러닝을 하고 그럴 때 행복을 느끼는 거잖아요. 아~ 행복이 내 옆에 있구나 하고요. 그런 의미에서 행복은 시간과 비슷하다고 생각하게 되어요.

전: 유한하다는 것을 어떻게 받아들여야 할까? 인간의 욕심은 무한하고 싶거든.

강: 저는 혁재가 말한 것처럼 마약? 도착지처럼 갈망하기 때문에 계속 찾게 되는 것 같아요. 얘가 한 번 있다가 없어지니까 얘를 찾고 싶어 하고 찾게 되는 것과 비슷한 것 같아요.

전: 대부분의 사람들이 그걸 찾을까?

강: 저는 찾는다고 생각해요.

전: 그럼 왜 찾을까?

강: 저는 개인적으로 어떤 시간이 흐르고 그 일을 회상했을 때 행복하고 좋았던 일만 기억이 나더라고요. 나쁜 일은 기억이 안 나고요. 제 기준에서는요. 그 좋았던 기억을 상기시키려고요.

전: 인간의 공통적인 현상일까? 행복을 추구하려는 것은?

강: 그건 공통적인 것 같아요. 누구나 다 행복하려는 욕망이 있고 누구든지 행복하고 싶지 불행하고 싶지 않잖아요. 현재 상황에서요. 실패나 안 좋은 것이 나에게 오더라도 행복하고 싶다는 욕망이 있기 때문에 살고 있거든요.

전: 비슷한 상황에서 점점 나아지려고 노력하는 것이 인간의 상황이다라고 심리학에서는 이야기를 하잖아.

강: 어떤 점에서는 공통점인 것 같아요.

전: 또, 이현?

이: 저는 생각해 봤는데 '행복은 무지개 같다'라고 생각했어요. 무지개는 비라는 조건이 충족되어야지 나타나는 현상이잖아요. 그거랑 비슷하게 저도 행복감이란 것이 그냥 시도 때도 없이 막 느끼는 것이 아니라 어떤 결핍? 절제? 좋아하는 것도 무한정으로 오면 행복감이 줄어들잖아요. 그렇듯이 해야 하는 일이 있어서 좋아하는 일을 절제하고 그것을 충족하는 조건이 성립될 때 발생하는 일시적인 감정이라는 생각이 들어요. 그래서 저는 행복을 무지개로 비유하고 싶다는 생각이 들었어요.

전: 무지개를 진짜 큰 걸 봤는데 신기한 거야. 쌍무지개가 그랬었고. 비라는 것은 고통인 거야?

이: 네. 그게 그럴 수 있고 아니면 고통일 수도 있고 고통이 아닐 수도 있다고 생각해요.

전: 고통일 수도 있고 아닐 수도 있고 고통이 아닌 것은 무엇일까?

이: 예를 들면 행복감이 목표를 달성해서 얻는 거라면 과정을 통해서 얻는 것
이 꼭 고통이 아닐 수도 있잖아요. 그것이 고통이 아닐 수도 있어서 한정 지
어서 말할 수 없다고 생각해요.

전: 세 번째, 행복 점수를 측정했을 때 10점은 매우 행복하다, 0점은 행복하지
않다고 한다면 지금 몇 점일까?

서: 저는 7, 8점인 것 같아요.

전: 이유는?

서: 방학이라서 학기보다는 훨씬 편한 것 같고. 그런데 자세히는 모르겠어요.
10점 주기에는 뭔가 부족한 것 같아서, 5점 주기에는 모자란 것 같아 7, 8
점 줬어요.

전: 어떤 것을 하면 1, 2점을 높일 수 있다고 생각해?

서: 저는 개인적으로 어떨 때 행복했었나 생각해 보니까 시험 점수를 아주 잘
받았을 때, 성적이 잘 나왔을 때 성취감이 있었고 팀별 활동을 할 때 주로
발표를 맡는데 발표를 잘했다고 주위 학우나 교수님께 칭찬을 들었을 때
그때 9점 정도 행복을 느꼈던 것 같아요.

전: 뭔가 학생은 주업인 학업에서 느끼는 거네. 행복을 10점으로 높이고 싶은
욕심이 날까요?

서: 자기만족을 하고 그 자리에 머물 수도 있지만 그다음 단계를 원하게 되잖
아요. 그래서 당연하다고 생각하는 거죠.

전: 점수를 높이기 위해서 어떤 것을 하면 높아질 수 있다고 생각해? 현재 시점
에서?

서: 뭔가 하나의 목표를 정해서 그것을 이루면서 성취를 느껴도 되고 2학기가
되면 좋은 성적이나 발표를 잘해서 주위 사람들에게 인정을 받는, 그렇게
해서 성취를 느낄 수 있다고 생각합니다.

전: 다음에 만나기 전까지 나의 행복 점수를 올릴 수 있기 위해서 노력할 수 있
는 점은 없을까요?

서: 그런 활동을 하지 않더라도 제가 좋아하는 영화를 본다든지 아니면 군대 휴가 나온 친구랑 술 한잔한다든지 하면 1점 올릴 수 있을 것 같아요.

전: 내가 좋아하는 일을 하는 것이 중요할 수 있겠네.

서: 네.

전: 내가 좋아하는 일이 무엇인지 알고 실천한다? 그것을 하고 하면 행복 점수가 올라갈 수 있겠네. 성적이나 성취주의적인 것이 아니더라도 행복 점수를 높일 수 있겠네.

서: 중요한 것은 제가 선택하고 무언가를 해냈다는 것이 중요한 것 같아요. 누군가가 시키는 것이 아니고. 자유라는 가치를 중요하게 생각해서요.

전: 의무적으로 할 때는 행복하지는 않은 것 같아. 자발적으로 하는 것에 동기부여가 잘 되는 것 같네. 좋은 것을 발견했어요. 또 몇 점 정도인 것 같아요?

문: 저의 행복한 상태를 점수로 표현하면 8점 정도가 적당하다고 생각합니다. 어렸을 때 사소한 것에서부터 감사함을 느끼라고 부모님이 가르쳐주셔서 그런지 작은 것에서도 감사함을 느낄 수 있고요. 감사함 속에서도 행복을 느낄 수도 있고, 점수로 표현하면 8점으로 나타낼 수 있습니다.

전: 내가 일상을 보내는 것에 대해서 감사해요?

문: 네. 왜냐하면 제가 이런 경험을 못 느낄 수 있었을 수도 있었는데 이러한 경험을 할 수 있다는 것 자체가 행복하고 감사한 거죠.

전: 행복하고 감사한 것은 뭘까요?

문: 감사한 것은 솔직히 거창한 것도 아니고 어려운 것도 아니에요. 사소한 것하나에도, 음료수 하나도 먹을 수 있는 것은 부모님의 용돈 때문에 먹을 수 있는 거고요. 제가 일해서 먹는 것도 행복한 거고요. 길을 가다가 넘어져 있는 사람을 도와줄 수 있는 것도 감사한 거고, 도움이 필요한 사람을 도울 수 있는 기회를 가지는 것도 감사한 거라고 생각합니다.

전: 요즘 심리학에서 감사에 대한 연구가 많이 되고 있거든요. 그런데 어떤 사람

은 사소한 것에서도 감사할 수 있는 반면에 사회적으로 잘나가고 큰사람인 것처럼 보여도 감사하지 못한 사람도 있단 말이에요. 그 둘의 차이는 뭘까?

문: 그것은 개인마다의 인식 차이라고 생각하고 있습니다. 저는 어릴 때부터 부모님이 그렇게 가르쳐주셨기 때문에 저도 모르게 생활화되었던 것 같고요. 교육이라고 하기에는 뭐하지만 어릴 때부터 갖게 된 자신만의 신념, 마인드 차이라고 생각합니다.

전: 내가 어릴 때 가까운 사람들에게 어떤 이야기를 들었는지, 그것이 나에게 얼마나 신념으로 내재화되었는지가 중요할 수 있겠네. 인식이 중요하네. 내 앞에 벌어져 있는 일을 어떻게 인식하는지가 중요한 거네.

문: 네.

전: 김준?

김: 저의 행복은 7점으로 평가할 수 있을 것 같아요. 큰 이유는 없고 최근에 별다른 사건 사고 없이 일상을 즐겁게 보내고 있기 때문이고요. 원래라면 9점 이상으로 높게 주고 싶은데 요즘 코로나 때문에 마스크도 써야 해서요. 마스크 쓰는 것이 답답하더라고요. 제가 축구 보는 것을 좋아하는데요. 직관을 못 하는 것의 아쉬움이 있고요. 그리고 사람을 주기적으로 만나지는 않지만 사람을 편안히 만나지 못하는 것에 대한 아쉬움이 있더라고요. 코로나로 인해 생활의 제약이 있는 것 같아서 9, 10점 정도로 행복하지는 않지만 별 탈 없이 잘 지내고 있어서 7점으로 평가할 수 있을 것 같습니다.

전: 점수가 빠지는 것은 코로나로 인한 환경적인 것이 많네.

김: 네. 그런 것 같아요.

전: 코로나가 없으면 도리어 올라가겠는데.

김: 네. 올라갈 것 같아요.

전: 3점은 개인과 관련해서는 없네.

김: 지금은 없는 것 같아요. 제 개인적 삶 중에 힘든 것이 발생하면 낮아질 수도

있지만 지금은 환경적인 요소를 제외하고 개인적인 요소만 봤을 때 점수가 낮아질 만한 것은 없어요.

전: 지금 몇 학년이에요?

김: 3학년이에요.

전: 취학이나 학업에 대한 스트레스를 받지 않아?

김: 스트레스가 행복이랑 다르다고 생각하거든요. 스트레스를 받는다고 행복하지 않다고 생각하지는 않아요. 스트레스는 스트레스 나름이지, 그것 때문에 스트레스를 받아서 행복하지 않아라고 생각하지는 않는 편이에요.

전: (스트레스가) 있기는 해?

김: 스트레스가 있죠. 취업준비도 해야 하고, 여러 가지 환경 제약이 있어 스트레스가 없는 것은 아닌데. 스트레스 받는 것 자체를 다른 곳에서 얻는 행복감으로 채우는 것 같아요. 스트레스는 스트레스고 내가 행복하다는 감정은 변한 게 없는 것 같아요.

전: 스트레스의 감정을 상쇄시킬 수 있는 것은 어떤 거예요?

김: 전 왜 그런지 모르겠지만 가끔씩 가만히 있다가 기분이 좋아질 때가 있거든요. 날씨를 엄청 많이 타요. 날씨가 좋은 날이면 가만히 있다가도 기분이 좋아지고, 말씀드렸다시피 맛있는 것 먹으면 기분이 좋아지고 그래요. 기분이 좋아지는 요소가 많이 있어서 스트레스를 받더라도 그런 것 때문에 일상에서 상쇄시키는 것 같아요.

전: 그다음 이현?

이: 전 요즘 4점 정도인 것 같아요. 알바하다가 학기 끝날 때쯤 그만두었는데 오히려 학기 중에는 바빠서 제가 좋아하는 것들을 누리지 못하고 사니까 시간을 쪼개서 누리면 행복하다는 느낌이 많았어요. 학기 중에 무언가를 많이 하니까 불안한 느낌이 별로 없고 행복했던 것 같은데 오히려 학기 끝나고 시간이 많으니까 평소 행복을 주던 것들이 전과 비교했을 때 덜 주는 것 같아요. 나태해지다 보니까, 하는 것이 없다 보니까 오히려 학기 중 바빴

을 때보다 행복을 덜 느끼게 돼요. 저만의 이야기인지 모르겠는데 뭔가 바빠야 오히려 행복한 것 같아요.

전: 신기한 일이다. 마냥 쉴 때 나에게 닥친 일이 없을 때 좋은 일인 것 같거든요. 단순하게 생각하면. 근데 뭔가 바쁠 때 행복감이 높았네요?

이: 저는 그러더라고요. 돌아보니까.

전: 어떤 이유 때문에 그런 현상이 일어나는 것 같아?

이: 저도 정확히 콕 집어서 이야기는 못 하겠는데 뭔가 해야 할 일이 있으면 좋아하는 것도 자주 못 하니까 참아야 하잖아요. 예를 들면 영화 보거나 누군가를 만나는 것을 하고 싶은데 해야 할 일이 있으니까 못 하잖아요. 그러니까 시간을 내서 하면 평상시 무분별하게 하는 것보다 행복감이 높은 것 같아요.

전: 뭔가 절제하고 내가 못 하면 시간에 대한 기대감이 높아지잖아. 이런 기대감이 생길 수도 있을 것 같고, 뭔가 할 때 행복감을 느낄 수 있겠다. 강빈은?

강: 저는 7, 8점 주고 싶어요.

전: 빠진 2, 3점은 뭐야?

강: 빠진 2, 3점은 이야기를 들으시면 아시겠지만 제가 어릴 때부터 농구를 했어요. 어릴 때는 말랐었는데 지금은 졸업한 지 2년이 되었는데 그때에 비해서 10kg 이상 쪘어요. 애들이랑 술도 마시고 코로나 때문에 운동도 못 해서 쪘어요. 최근에 농구를 할 때 무거워진 것을 느껴요. 그것 때문에 짜증이 나요. 무거워진 것 때문에 실력이 줄어든 것 같아 점수를 깎아먹은 것 같아요. 코로나 블루라고 코로나 때문에 우울해진 것도 있는데요. 밖에도 나가지 못하고 집에서만 있어야 하니까 그런 것 때문에 깎이는 것 같고, 최근에 4단계가 되었잖아요. 친구들과 약속도 잡고 여행을 가려고 예약도 했던 것을 취소하면서 기분이 깎이는 것 같아요.

전: 내 몸의 신체가 무거워지는 것, 그지? 이게 점수를 깎아먹는 것 같아. 코로

나, 환경, 여행을 못 가는 것… 여행을 못 가는 것은 어떤 거지? 여행이 중
요한가?

강: 여행이라기보다는 친구를 만나는 것? 초등학교 친구, 중학교 때 친구, 외국
에 사는 친구가 가끔 한국에 놀러 오는데 그런 애들을 솔직히 보고 싶은데
못 보게 되는 상황? 여행이라는 것은 일종의 추억을 남기는 거라고 생각하
거든요. 저는 그 추억이 소중하다고 생각해서 가고는 싶은데 어떤 상황 때
문에 못 가게 되니까 그런 것 같아요.

전: 외부의 요인 때문에 나의 계획을 바꾸어야 하는 상황이 발생되는 것이 마
이너스 요인이 될 수도 있겠네. 친구 만나는 것이 중요해?

강: 저는 친구 만나는 것도 좋아하고 혼자 있는 것도 좋아하는데 친구 만나는
것이 더 중요하다고 생각해요. 가끔 술자리를 갖거나 가족들에게는 이야기
할 수 없는 그런 비밀? 고충 같은 것이 있는데 그런 것을 털어놓을 때 친구
가 좋은 것 같아요. 농구를 좋아하는데 팀 스포츠니까 옛날부터 같이 운동
을 하다 보니 사람들을 만나는 것을 좋아하고 그러다 보니 친구가 중요해
지고요. 내 편인 것 같잖아요. 그래서 친구 만나는 것이 중요한 것 같아요.

전: 농구는 무엇 때문에 중요해? 행복과 연관이 있어?

강: 여러 가지 운동을 많이 했는데요. 태권도, 축구, 야구, 수영도 많이 해 봤는
데 농구가 재미있더라고요. 손 쓰는 것도 좋아하고 농구하는 것을 좋아해
요. 그것 때문에 많이 행복해요.

전: 혼자 하는 거랑 둘이 농구하는 거랑 차이가 있어요?

강: 혼자 할 때는 이어폰 끼고, 어떻게 보면 자기 계발하는 느낌? 다음 달이면
농구부에서 대회를 나가거든요. 대회를 준비하는 것? 혼자서 드리블 연습
하고 싶은 때 그런 거고요. 민제랑 연습할 때는 연습도 연습이지만 그 친구
랑 함께 있는 시간? 시간을 함께 보내는 것을 중점을 두는 것 같아요. 어쨌
든 외롭지는 않잖아요. 혼자 하는 것보다는….

전: 남자 둘이 커피를 마실 수 있고 산책을 할 수도 있는데 농구를 하는 것은 다
른 기분을 만들어줄까?

강: 일단 땀을 빼면 기분이 좋아요. 운동을 열심히 해서 땀나는 것도 좋고 기분도 좋고 농구해서 시합을 했는데 제가 잘했을 때 성취감도 있어요. 상대방이 진짜 잘하는 사람을 만났을 때 한 수 배우는 것 같고 제가 성장하는 느낌이랄까요? 공부 이외에도 운동하면서 성장하는 느낌을 받게 해 주는 것 같아서 다른 것 같아요. 카페에서 이야기하는 것보다는요.

전: 움직임으로써 땀도 나고 발전하는 느낌도 나고. 다양한 일들이 생기네. 가만히 앉아 이야기하는 것보다는.

강: 군대에 가면 전우애, 동지애가 생기잖아요. 제 친구랑 땀을 흘리며 시합에서 이기면 동지애와 전우애가 생기는 거죠.

전: 전우애, 함께하는 좋은 기분이 드는 거네. 혼자랑은 다른 기분이 드는 거네. 행복과 반대되는 단어는 뭘까?

문: 행복이란 여유를 가져야 된다고 했는데 행복의 반대는 통제라고 생각합니다. 통제를 당한다는 것은 저만의 여유도 없고 자유도 없어지고 시간도 없어지는 것이기 때문에 통제는 행복의 반대라고 생각합니다.

전: 통제를 당하는 것?

문: 네. 통제당하는 것이요.

서: 행복의 반대는 당연히 불행이겠지만 질적으로 이야기해 보자면 제가 결정을 해서 원하는 것을 하는 것이 중요하다고 생각해요. 통제당하고 하기 싫은 것을 억지로 하는 것을 제일 안 좋아합니다. 그때 가장 불행하다고 생각합니다.

전: 아, 그렇군. 나도 야자(야간 자율학습)를 할 때 불쾌했던 것 같아요.

서: 저는 야자를 원해서 했기 때문에 불쾌하지는 않았어요. 집에 가면 공부를 안 해서 학교에서 공부를 해야겠다고 생각했습니다. 누군가 시켜도 제가 원하면 상관이 없는데 제가 원하지 않는데 억지로 하라고 하면 저는 안 합니다.

전: 최근에 불행을 느꼈던 소소한 사례가 있을까?

서: 대학 와서는 누군가가 억지로 무언가를 하라고 하는 것은 없었던 것 같아 요. 제가 1학년이라서 그런지 모르겠지만 지금까지는 없어요.

전: 행복을 느끼는 환경이 되었다고 할 수 있겠네.

서: 네. 맞아요.

전: 고등학교는 수업을 딱 짜주는데 대학교는 내가 원하는 것을 들을 수 있고.

서: 네.

전: 강빈!

강: 저는 불안정이라고 생각해요. 저는 제가 맛있는 음식을 한 끼 먹을 수 있는 정도와 건강한 가족관계, 감정의 짐 같은 것이 없고 안정된 정서 상태를 가 지고 있는 것이 제 삶의 행복의 조건이라고 생각하거든요. 불안정은 이런 것이 틀린다는 거잖아요. 그래서 저는 불안정이 행복의 반대라고 생각해 요. 예를 들었다시피 제가 고등학교에 비해서 10kg 쪘다고 했잖아요. 그것 도 신체적인 균형의 불안정이라고 생각하거든요. 그것에서 행복을 못 느끼 는 것이라 생각해서 불안정이라고 생각해요.

전: 비만이나 과체중이라든지, 정서적인 불안정이라든지 밸런스가 깨지는 것 이 행복과 반대되는 것이라는 거네. 그러면 건강, 정서, 경제 말고 또 불안 정과 관련되는 것이 있을까?

강: 말씀드렸던 신체적인 부분도 있을 것이고 아니면 성적 같은 경우도 안정적 으로 괜찮으면 좋은데 그렇지 않으면 그렇고. 어떤 사람과 관계를 맺을 때 도 관계의 불안함이 있을 것 같아요.

전: 균형감이 중요하네. 그래도 가장 불안정에 주범이 된다, 얘 때문에 불안정 해질 수 있어? 큰 비중을 차지하는 것이 있어?

강: 저는 정서? 저의 감정 상태. 이게 제일 주범이 된다고 생각해요. 감정 같은 경우에는 컨트롤하면 좋겠지만 못 할 수 있잖아요. 제 자신이 컨트롤 못 하 는 상황이 올 수도 있는 거고. 경제 상황은 열심히 일하면 되는 것이고 몸은 제가 만들면 되는 것이고 할 수 있는 것인데 감정은 힘든 것 같아요. 어떤

힘든 일이 있을 때 극복하는 것도 힘든데 극복하는 시간도 힘든 것 같아요. 그래서 제 정서 상태.

전: 정서적인 안정이 중요하네. 이현?

이: 행복의 반대는 불행이라고 생각하는데 구체적으로 생각해 봤을 때 '나태함' 에서 불행이 오는 것 같아요.

전: 나태함은 뭐야?

이: 뭐라고 해야 하지? 게으름? 할 일이 없으면 퍼지다 보니까 거기에서 뭔가 인생이 재미없다라는 생각이 들게 되고 점점 더 나태해지다 보면 저한테 있어서 불행의 큰 요인은 게으름에서 발생한다고 생각이 들어요.

전: 언제 나태해지는 것 같아?

이: 의무적으로 해야 하는 것이 없거나 딱히 명시적으로 목표가 흐릿해졌을 때 그럴 때 그런 것 같아요. 너무 자유가 주어진다거나.

전: 어느 정도 긴장감이나 목표가 있고 내가 할 역할이 있거나 그런 것이 필요 할 수 있겠네.

이: 네. 저는 그런 것 같아요.

전: 통제당하는 것은 불행하고 불안정한 것이네. 김준?

김: 저에게 있어서 행복의 반대는 '무감각한 것' 행복의 주요 근원은 어떤 일을 해도 제가 느껴야 행복을 느낄 수 있다고 생각하는데 아무것도 느끼지 못 하면 행복하지 않을 것 같아요. 행복의 반대되는 말은 무감각하다고 생각 했어요.

전: 무감각은 죽음과 연관이 될 것 같아.

김: 뭔가 살아 있는데 죽어 있다, 이런 느낌이 들 수도 있을 것 같아요. 어떠한 의미도 찾지 못하는거죠. 뭔가 경제적인 요건을 예로 들면 가난한 사람도 행복한 사람이 있을 수 있잖아요. 가난함 안에서도 무언가를 느끼기 때문 에 행복하다고 생각하는데 아무것도 느끼지 못하면 내가 아무리 부자거나

능력이 있어도 행복감을 느끼지 못한다고 생각해요.

전: 어떤 사람은 무감각하고 어떤 사람은 자신의 상태를 잘 느낄 수 있을까?

김: 일단 목표가 있는 사람은 어떤 것에 있어서 쉽게 가치를 느낄 수 있을 것 같아요. 학업이든 개인적인 감정이든 무언가 목표가 있으면 어떤 것을 느끼기에 쉽지 않을까 생각이 듭니다.

전: 그런데 지나다 보면 직장이든 학생이든 선생이든 주변의 사람을 보면 어떤 목표가 정확하게 있는 사람도 있고 어떤 사람은 목표가 없는 거야. 하고 싶은 것도 없고 목표가 없는 사람도 있단 말이야. 그건 어떤 차이일까? 어떤 사람은 목표가 분명하고 많이 있고 어떤 사람은 세월이 흘러가도 상관이 없이 살아가는 사람이 있잖아요?

김: 차이점은 자신을 아는 사람과 모르는 사람으로 나뉘지 않을까 생각해요. 자기를 아는 사람은 자신의 가치관이 뚜렷하다고 생각하거든요. 가치관이 잘 형성되면 좀 더 명확하게 자신의 가치관을 바탕으로 목표를 수립할 수 있다고 생각해요. 목표를 세우지 못하는 사람은 자신을 알아보는 시간이 부족하거나 자기가 어떻게 살아가야 하는지 가치를 명확하게 세우지 못한 것 차이일 것 같아요.

전: 내가 어떤 가치관을 가지고 있고 어떤 것에 삶의 의미를 두고 사는지 잘 아는 것이 중요한 의미일 수 있겠네요.

김: 네. 아는 것이 중요하다고 생각해요.

전: 그다음 질문입니다. 어떤 조건이 충족되었을 때 당신이 행복하다고 느끼십니까? 언제 어디서 누구와 무엇을 할 때 행복을 느끼십니까? 이현, 최근에 어떤 예시가 있을까요?

이: 저는 다른 사람과의 관계에서도 행복이 충족됩니다. 예를 들면 친구와 같이 만나 대화를 하고 술을 마시거나 같이 걷는다거나 이런 것에도 행복이 오는 것 같아요. 아니면 혼자 영화를 보거나 음악을 듣는 것에서도 행복감이 오는 것 같아요.

전: 어떤 조건들이 있는 거야? 행복을 만들어주는 조건?

이: 잘 모르겠네요.

전: 그러면 행복의 조건을 생각하고 만들어서 세 가지 요소를 적는다면 어떤 조건들이 중요하다고 적어 넣을 것 같아?

이: 저는 '목표, 사람, 취미'라고 적을 것 같아요.

전: 구체적으로 설명하자면?

이: 저 같은 경우는 앞서 말씀드렸다시피 해야 할 일이 있거나 뚜렷한 목표가 있어야 심적으로 안정적이라고 생각해서 목표가 중요하다고 생각해요. 그리고 인간은 혼자 살 수 없기 때문에 사람도 중요한 것 같고. 음악을 듣거나 영화를 보는 것도 중요한 것 같아서 이렇게 3가지를 넣었어요.

전: 그런데 사람 중에도 가족도 있고 친구도 있고 여자친구도 있을 수 있고 여사친도 있을 수 있고 많잖아. 나의 행복감을 줄 수 있는 존재가 있어? 의미 있는 사람?

이: 지금은 제 친구인 것 같아요. 초등학교 때부터 친구였는데, 그 친구랑 비밀도 없고 못 할 이야기도 해서 그런지 그 친구한테서 많이 얻는 것 같아요.

전: 뭔가 허심탄회하게 이야기할 수 있고 나의 비밀을 다 아는 것이 중요한 요소일 수 있겠네.

이: 네. 그런 것 같아요.

전: 김준, 행복의 어떤 조건이 충족되었을 때 행복할까?

김: 저는 날씨거든요. 제가 진짜 날씨에 따라 기분이 많이 달라지는 편이라서요. 비 오는 날은 무엇을 해도 우중충하거나 의욕이 안 나는 날이 많은 것 같아요. 화창한 날은 가만히 있어도 웃음이 나고 기분이 좋고 길 가다가도 학교 가다가도 좋고….

전: 날씨의 영향을 엄청 받는다.

김: 그런 편인 것 같아요.

전: 어떤 날씨를 제일 좋아해?

김: 저는 더워도 상관없는데 쨍쨍한 날씨? 엄청 햇빛이 비치는 것? 습하지 않은 날씨를 좋아해요.

전: 몇 월에 태어났는데?

김: 저는 2월에 태어났습니다.

전: 이건 어떤 연관이 있는지 모르겠다. 아무튼 햇빛 비치는 날, 날씨가 중요하다. 또 어떤 조건이 필요해?

김: 저는 수다스러워 이야기할 수 있는 사람이 있는 게 저에게 행복을 주는 조건일 것 같고요. 저는 항상 무언가 듣고 있어요. 라디오라든가 음악이라든가 일상에서 들리는 소리가 행복의 조건으로 필요한 것 같아요. 축구 좋아해서 축구 보는 것도 저에게 행복의 요소이고 자주는 아니지만 가끔 하는 운동, 자주 하면 피곤해서 가끔 하는 운동이나 어딘가에 소속되어 있다는 소속감, 그리고 또 소소한 이벤트 같은 것, 오늘 하루를 지내다가 예상하지 못한 일이 발생하는 것, 누군가 나에게 감동하는 편지를 주는 깜짝 이벤트가 행복의 조건이 아닐까 해요.

전: 누군가 써주는 사람이 있어?

김: 매일은 아니지만 가끔 써주는 사람이 있고 저도 써주기도 하구요.

전: 가족?

김: 가족도 그렇고 친구들끼리도 그렇고.

전: 손 편지?

김: 네. 뭔가 손 편지 쓰는 것을 좋아해 가지고….

전: 드문 것 아니야? 요즘 손 편지 많이 안 쓰는데.

김: 맞아요. 군대 갔을 때 빼고는 많이 못 본 것 같아요.

전: 자, 또?

문: 저는 행복의 조건으로 '경제적으로 안정된 삶, 마음의 여유, 화목한 가정'이 필수라고 생각합니다. 부수적인 요건으로 '고민을 털어놓을 수 있는 친구나 자유로움을 즐길 수 있는 시간'이라고 생각합니다. 경제적인 여유는 하고 싶은 것을 할 수 있는 건데요. 저것만큼은 하고 싶다고 할 때 할 수 있는 경제적 여유를 말합니다.

전: 어떻게 보면 돈이 많아야겠네. 절대적인 기준이 어떤 거야?

문: 액수로는 솔직히 잘 모르겠습니다. 요즘 집값을 보면 터무니없이 오르고 있기 때문에 최소한 성인이 되었을 때 제 집 하나 살 수 있는 금액은 필요하다고 생각합니다.

전: 마음은?

문: 저는 행복에 있어서 여유를 중요시하는데 무언가에 쫓기는 삶을 사는 것은 굉장히 싫다고 생각하고 그러면 행복할 수 없다고 생각하기 때문에 마음에 여유가 필요하다고 생각합니다.

전: 사람이 무언가에 쫓기게 되면 어떻게 되지?

문: 쫓기게 되면 좋은 점은 집중력이 향상된다고 생각해요. 근데 안 좋은 점은 쫓기게 되면 실수가 생기게 되고 마음의 여유가 없고 지속적인 스트레스와 압박감에 시달리게 된다는 것이죠.

전: 그렇게 쫓기고 압박감에 시달리면 어떻게 되는 것 같아?

문: 저는 과제가 있을 때 정해진 시간 안에 코딩을 해야 하는데 주어진 시간 안에 할 수 없을 정도로 어려운 문제면 시간에 쫓길수록 스트레스를 받거든요. 마지막까지 포기하고 싶지 않지만 어떤 부분에서는 포기해서 마무리를 하는 경향이 있어 쫓기게 되면 포기를 한다고 생각합니다.

전: 마지막 부분은 뭐였지?

문: 화목한 가정이요.

전: 이건 어떤 의미야?

문: 가족 간의 아무런 불화가 없는 것이 행복한 가정이 아닐까요.

전: 그런 집은 없잖아.

문: 없죠. 그래서 매일 화목한 가정이 아니라 정말 중요한 순간 나를 지지해 줄 수 있는 가족, 나를 보듬어 줄 수 있는 가족이 화목한 가정이라고 생각합니다.

전: 가족이 지지해 주고 보듬어 주면 어떤 일이 벌어지나?

문: 친구한테 의지할 수 있겠지만 제가 가장 의지하고 믿을 수 있는 사람은 가족이기 때문에 누군가에게 줄 수 없는 믿음, 의지를 얻을 수 있다고 생각해요.

전: 서중기는 어때요?

서: 저는 제가 인식하는 것이 제일 중요한 것 같아요. 야자 같은 경우도 제 친구 대부분 같은 경우 아~ 하기 싫다, 불행하다고 생각하지만 저도 행복하지는 않았지만 학교에서 공부하는 것을 잡아주니 도움을 받을 수 있어 좋다고 생각했어요. 요즘 코로나 블루라는 말이 많잖아요. 솔직히 코로나 이후 큰 우울을 느낀 적은 없어요. 원래 집에서 혼자 노는 것을 잘해서 인식하는 것이 제일 중요한 것 같아요.

전: 나의 주관적인 인식. 또? 행복의 삼각형을 놓는다면 세 가지 요소로 무얼 꼽겠어?

서: 성취감? 무언가를 이루었을 때 느끼는 성취감? 계속 성장해가는 느낌이 무언가를 할 때마다 행복하더라고요.

전: 피곤한 시대에, 성장과 성취를 느껴야 할까?

서: 꼭 그럴 필요는 없지만 저는 그렇게 느끼는 거니까요.

전: 무언가 성장하고 얻고 이러는 것에서 느낌이 있나 보다.

서: 그런 것에서 느끼는 것도 있고, 그런 것이 중요한 것 같아요. 남들이 다 좋다는 것은 저에게 크게 중요한 것은 아니에요. 제가 행복하다고 느끼고 이

것이 꼭 필요해서 사는 것이 중요한 것 같아요.

전: 나의 주관적인 것이 중요하네.

서: 네.

전: 그런데 우리는 종종 옆사람을 의식하거나 비교 대상으로 삼는 경우가 많은데, 그런 것에서 자유로울 수 있는 방법이 있어?

서: 솔직히 비교를 안 할 수 없고 저도 비교를 해요. 예를 들어 쟤는 쟤 인생이고 나의 인생은 나의 인생이 있으니까라고 생각하는 것 같아요.

전: 마지막 한 가지 요소는? 인식, 성취감, 또 하나는?

서: 자유로운 것. 자유로운 상태.

전: 어떤 상태가 자유로운 거야?

서: 자유로운 것이 욜로 라이프, 오늘만 산다는 것은 절대 아니고요. 공부를 하더라도 제가 하고 싶은 공부가 있고 하기 싫은 공부가 있잖아요. 물론 하기 싫은 공부도 저에게 필요해서 하는 거고요. 하고 싶은 공부는 지속적으로 하는 거고요. 듣는 음악 같은 것도 대부분 또래들이 멜론 차트에 있는 1위 곡을 들을 때 나는 별로면 안 듣는 거고, 그런 것 같아요. 제가 선택하고 즐기는 삶?

전: 주체적이고 능동적인 삶이네.

서: 네. 남에게 간섭받거나 영향받는 것을 안 좋아해서요.

전: 내가 원치 않는 간섭은 불쾌한 것 같아. 강빈은?

강: 안정된 상태가 첫 번째 조건이고 두 번째는 관계 속에서 느끼는 행복, 세 번째는 취미 활동, 이것이 다 갖춰져야 하는 것은 아닌데 필수적인 것은 안정된 상태이고 부차적인 것은 관계랑 취미 생활이 있어요. 일단 제가 관계를 느끼는 것은 사람들 만나는 것도 좋아하고 팀 운동도 좋아하기 때문에 사람들과 즐기고 운동하는 것이 좋아요. 취미 같은 경우는 농구, 음악 듣기, 술 마시기, 집에서 넷플릭스를 보기, 영화 보기 같은 취미 활동을 할 때 행

복한 것 같아서 안정된 상태는 무조건 필요하고 부차적으로 관계 속에서 느끼는 행복, 취미 생활 하면 느끼는 행복이 있는 것 같아요.

전: 심리적인 것과 연관 지어 봤을 때 자율성 이야기도 나왔고 스스로 삶을 통제하는 것도 있고 정서, 상태도 있는 것 같고 여러 가지 요인이 있는 것 같은데 또 어떤 심리적인 상태에 이르렀을 때 행복을 느끼는 것 같아요? 자존감도 많이 나오고 수용성도 나왔고 심리적인 상태를 행복과 연관시켰을 때 뭐가 중요한 것 같아?

강: 자존감이 중요하고 교수님이 말씀하신 수용성? 저에게 힘든 것이 왔을 때 결국 받아들여야 하는데 제가 수용하는 것, 또 하나는 자신감? 자신감도 중요한 것 같아요. 자존감이 떨어짐에 의해서 자신감도 높았는데 떨어지는 경우도 있었거든요. 그럴 때 보면 그때만큼 불안정한 적이 없어 힘들었던 것 같아요.

전: 자신감이 중요하다?

강: 네. 영문과다 보니 영어는 항상 자신감이라고 하잖아요. 그래서 항상 자신감 있게 생활하는 것이 중요한 것 같아요. 너무 근거 없거나 과도한 것 말고 적당한 자신감은 중요한 것 같아요.

전: 자존감은 왜 중요해?

강: 제가 제 인생을 사는 거잖아요. 저의 자존감이 낮아 버리면 항상 불안하거나 우울할 것 같아요. 그러면 불안정함을 느끼거든요. 그래서 자존감이 중요한 것 같아요.

전: 이현은 뭐가 중요해?

이: 수용성이 가장 중요한 것 같아요. 사람은 개인마다 장단점이 있는데 저도 그랬었고 장점은 안 보고 다른 사람들의 장점을 부러워하는 경향성이 있어요. 자신의 장점을 있는 그대로 받아들이고 뻔한 말이지만 장점은 극대화하고 단점은 보완할 필요가 있으면 보완하는 것이 중요한 것 같아요.

전: 김준은?

김: 건강한 정신 상태가 있어야 행복을 더 많이 느낄 수 있다고 생각하거든요.

전: 건강한 정신이 뭐야?

김: 좋은 생각을 많이 하는 것?

전: 좋은 생각이 뭐야?

김: 어떤 것을 하더라도 의욕이 있는 것이 좋은 생각인 것 같아요. 의욕? 제가 말했는데도 모르겠네요. 좋은 생각이 뭐지? 부정적으로 생각하지 않는 것이 좋은 생각인 것 같아요.

전: 또? 건강한 정신 상태라고 말하지 않았나요?

김: 저는 건강한 편인 것 같아요.

전: 건강하다고 말할 수 있는 근거는요?

김: 명확한 근거가 있는 것은 아닌데 생각보다 부정적인 생각도 안 하는 것 같고 어떤 생각을 하는 데 의욕을 내기도 쉬운 것도 있는 것 같고 자신감도 있는 것 같고요. 저는 제 자신을 잘 아는 편이라고 생각해요. 좋아하는 것과 싫어하는 것을 명확하게 알고 있어서 자기 존중감도 낮지 않은 편인 것 같아요. 그런 것들이 건강한 정신이지 않을까 생각합니다.

전: 자신감을 어떻게 가질 수 있어요?

김: 저는 많이 해 보는 것이 중요하다고 생각해요. 어떤 것이든. 어떤 것이든 해야 내가 잘하는 것과 못하는 것을 알 수 있겠죠. 못하는 것도 계속해 봐야 잘할 수 있잖아요. 그래서 닥치는 대로 해 봐야 자신감을 키울 수 있다고 생각해요.

전: 또?

문: 제일 중요한 것은 자존감 같은데 저 스스로를 존중하지 않으면 남들도 존중하지 않으니까 행복하다고 느낄 수 없는 것이고요. 스스로를 믿는 것은 남들도 나를 깔보지 않고 남들도 나를 존중하게 만드는 것 같아요.

전: 스스로를 믿는 것?

문: 네.

전: 스스로에 대한 신뢰네. 존중과는 다를 수 있겠네.

문: 그렇죠.

전: 스스로에 대한 신뢰, 스스로를 존중해 주는 것, 기본적으로 스스로 해야 다른 사람이 나를 존중해 줄 수 있다는 거네. 또 하나 사회적인 위치, 계층에 관련한 것, 권력, 경제, 명예가 행복과 어떤 상관관계가 있겠느냐는 질문에 어떤 생각이 들어요? 높이 올라가면 행복할까? 사람들은 많이 추구하잖아.

이: 이것도 개인마다 다를 수 있다고 생각하는데 저 같은 경우는 어느 정도는 상관관계가 있다고 생각해요. 명예나 재산이 명시적으로 느끼는 주변 사람들의 인정이 비롯되는 것이라고 생각해서 중요하다고 생각해요. 어느 정도는 관련 있지만 전부가 될 수는 없다고 생각해요. 어쨌든 다른 사람으로부터 비롯된 것이기 때문에 영원할 수는 없다고 생각해요.

전: 행복의 조건이 될 수 있지만 영원할 수 없다? 만약 상위 1%에 들어가면 어떤 일이 벌어질 것 같아?

이: 아무래도 그 계층에 속하지 못할 때보다 좀 더 쾌적하고 좋은 환경에서 생활할 것 같아요. 정확히 제가 되어 보지 않아봐서요.

전: 환경적으로 쾌적하게 살 수 있겠지. 비슷한 사람들끼리 만나면 우월감에 젖을 수 있고. 그런 만족감을 가져다줄 수 있겠네. 김준은?

김: 뭔가 명예, 권력이 행복의 조건이 될 수 있는데 전부는 아니라고 생각해요. 명예와 권력에 집중될수록 책임감과 부담감이 많아진다고 생각하거든요. 부담감이 많아지면 피곤한 일도 많이 생길 것 같아요. 명예는 사람들에게 인정받으려는 욕심이 누구에게나 있다고 생각하거든요. 행복감과 어느 정도 보편적으로 연관이 있다고 생각하는데 권력은 사람에 따라 다른 것 같아요. 권력으로 행복을 느끼는 사람보다 명예로 행복을 느끼는 사람이 더 많지 않을까 생각해요.

전: 왜 그렇게 생각해요?

김: 권력을 갖는다고 항상 누군가에게 인정을 받는 것은 아니잖아요. 명예는 누군가에게 인정을 받는 것이고 그것은 부담감을 가질 수는 있지만 권력은 책임감이 더 주어진다고 생각하거든요. 그래서 명예가 행복과 더 가깝다고 느끼지 않을까 생각합니다.

전: 내 선배 중에 돈이 많은 사람이 있거든… 근데 그리 행복해 보이지 않더라고. 그 사람의 경우에는요. 돈이 많은 것은 행복과 어떤 연관이 있을까?

김: 사람은 누구에게나 인정받거나 알아주었으면 하는 욕심이 있다고 생각하거든요. 사람은 사회적 동물이라는 말이 있듯이 사람과 어울려 살아가야 하는데 나를 알아주는 사람이 없고 스스로에 대한 자신감도 없으면 내가 어떻게 살아야 하나라는 여러 가지 고민이 많이 들 것 같아요. 남이 나를 알아주지 않으면 항상 의심이 들지 않을까요? 나를 객관적으로 볼 수 있지만 남을 통해서 객관적으로 볼 수 있다고 생각하거든요. 나는 나를 좋게 보려는 경향성이 있잖아요. 남을 통해서 객관적으로 볼 수 있다고 생각하는데 남이 알아주지 않거나 더불어 살지 않으면 스스로에 대해 의심될 수 있을 것 같아요. 한편으로는 외로울 것 같기도 하고 부를 축적해도 불행하지 않을까 생각했어요.

전: 인간은 나약한 동물로 느껴지는데, 돈도 많고 할 수 있는 일도 많은데 타인이 나를 어떻게 보는지에 대해 의식하고 살아야 하나라는 생각이 잠깐 드네.

김: 저는 한편으로 인간이 강한 면모를 가지고 있지만 나약한 면모도 가지고 있다고 생각하거든요. 그렇기 때문에 사람이든 동물이든 가족을 꾸려서 살려고 하고 누군가에게 의지하려 하고 사람은 나약한 면모가 있다고 생각해요. 나약하다는 것은 나쁘다는 의미만 있는 것은 아니고 서로서로 도와서 살 수도 있으니까요.

전: 강빈!

강: 경제적인 부분을 말씀드리면 어느 정도의 경제력을 가지고 있으면 행복하다는 것을 봤었는데 그 말에 동의해요. 자신의 삶을 영위하기 위해서, 맛있는 한 끼를 먹기 위해 하고 싶은 일을 할 수 있는 경제력이 있으면 좋을 것

같아요. 사회적 지위는 사람마다 다르겠지만 높이 올라가면 올라갈수록 더 불안하다고 생각하거든요. 그 자리를 다른 사람에게 뺏기지 않기 위해 지켜야 하니까 불안할 수도 있고 책임을 느끼면서 불행할 수 있다고 생각해요. 지위도 어느 정도는 괜찮지만 너무 높게 올라가는 것은 행복하지 않다고 생각해요.

전: 서중기는?

서: 경제력이나 명예, 사회적 지위는 행복보다는 불행에 영향을 더 많이 주는 것 같아요. 아까 강빈 님이 말씀하신 것처럼 한계수용체감의 법칙처럼 처음 특정한 일을 하면서 느끼는 행복이 10이라면 점점 똑같은 일을 할수록 만족감이 줄어들어요. 어느 정도 하향선만 넘으면 될 것 같아요. 교수님 말씀처럼 천장에 물이 샌다든지 그런 것이 불행에 영향을 크게 미칠 것 같아요.

전: 생각할수록 어렵네요. 행복은 쉬운 것 같기도 하고 어려운 것 같기도 하면서 왔다 갔다 하는 것 같아요. 자, 그럼 이제 소감을 이야기해볼까요?

문: 새로운 느낌으로 다가왔습니다. 평소에 행복을 깊이 생각해 본 적이 없기 때문에 나에게 있어 행복은 무엇인지 다시 생각해 보게 되었고 스스로가 행복한 사람이라고 느껴졌습니다.

서: 저에 대해서 잘 알 수 있었던 것 같아요. 이런 주제에 대해서 이렇게 길게 이야기를 해 본 적이 없잖아요. 다른 사람의 이야기를 들으면서 저에 대해서 생각해 볼 수 있었던 것 같아요.

강: 저번에 말씀드린 것처럼 교수님의 강의를 들으면서 가족에 대해서 잘 생각해 보지 않았는데 이번에는 행복에 대해서 깊이 생각해 볼 수 있어 좋았고요. 저 자신에 대해서 돌아보고 관찰할 수 있는 기회가 되어서 좋았던 것 같아요.

이: 연구에 참여하면서, 행복에 대해 자료를 정리하면서 저에 대해서 좀 더 잘 알 수 있게 되었다고 생각했어요. 그리고 다른 학우들의 의견을 들으면서 저와의 생각 차이와 공통점이 있다는 것을 알게 되어 재미있었어요.

김: 사람들이 행복하다 불행하다는 말을 많이 사용하는데 그것을 명확하게 생각하지 않고 입버릇처럼 많이 사용하는데요. 저도 이번 연구에 참여하면서 여러 사람의 생각도 들어보고 저의 생각도 정리하면서 행복에 대해 진지하게 생각해 본 것 같아요. 행복에 대해서 이야기하면서도 행복이 어떤 것인지 잘 모르겠다는 생각도 드네요. 다음 주까지 하면서 행복에 대해서 좀 더 명확하게 알게 되면 좋겠어요.

〈두 번째 시간〉

전: 오늘은 찍은 사진 중 대표되는 사진을 이야기하면 좋겠어요. 누구부터 해볼까요? 사진을 보면서 어떤 사진을 소개해 주고 싶어요?

김: 두 번째 사진이요.

전: 아버지랑 등산하는 사진이네. 자세히 설명해 줄 수 있어요?

김: 아버지랑 일요일에 시간 되는 대로 등산을 가려고 하는데요. 코로나 전에는 가족들이랑 보내는 시간이 많지는 않았어요. 코로나 전에는 밖에 많이 나가고 활동을 해서요. 부모님들도 밖에서 일하시고요. 집에서 함께 보는 시간이 많지 않았는데요. 코로나 이후로 집에서 보는 시간이 오히려 많아진 것 같아요. 어떻게 시간을 잘 쓸 수 있을까 하다가 새벽에 등산이라도 가자 해서 등산을 다니게 되었어요. 아버지랑 좋은 시간을 보냈어요. 등산 가서 이야기도 많이 하면서 요즘 행복한 시간을 보내고 있어 소개하고 싶었어요.

전: 아버지랑 관계가 좋나 보네.

김: 저는 좋은 것 같아요. 이야기도 많이 나누고.

전: 코로나가 터지면서 돈독해진 경우가 있네. 사진에서 나타난 정서 상태로 보면 행복한 상태로 꼽았단 말이지. 구체적으로 정서 상태로 표현해보면

어떤 것들이 있을까? 편안한, 신나는, 든든한, 반가운, 재미있는 등등 여러 가지 표현을 할 수 있을 것 같은데.

김: 뭔가 신나기도 하는데 한편으로 짠하면서도 감사한 감정을 많이 느꼈어요. 옛날에는 아버지가 신체적으로 엄청 좋으셨거든요. 그런데 이번에는 산에 올라가는 것을 많이 힘들어하셨거든요. 제가 위에서 찍었거든요. 나이가 드셨는지 올라가는 것을 힘들어하셔요. 항상 앞에 계셨는데 말입니다. 지금까지 뭔가 살아오시면서 얼마나 애를 쓰셨을까 싶어서 감사함을 느끼는 사진이었어요. 이때 날씨도 매우 좋아서 따뜻한 느낌을 받을 수 있었고 신남도 느낄 수 있었던 사진입니다.

전: 렌즈가 위에서 아래를 내려다보는 방향이네. 지금까지 살아오시면서 고생하신 여정이 나오는 그런 사진이네. 단순히 행복한 것이 뭔가 신나고 이것을 긍정과 부정으로 나누기는 그렇지만 어쨌든 짠하고 뭔가 회상을 해 보고 이런 것들이 통합이 되는 것 같네.

김: 네. 과거를 회상해 볼 수 있는 사진이네요. 또 소개해 드리고 싶은 것은 네 번째 사진인데요. 제가 주말마다 청소년센터 가서 노인봉사 하고 있는 동아리를 멘토링하고 있는데요. 한 달에 한 번씩 활동하는 방법을 영상으로 활동을 찍어서 노인복지센터에 보내드리거든요. 코로나 전에는 대면이라서 어르신들도 뵙고 대화도 하고 활동도 같이 했는데 비대면이 되다 보니 쌍방향 소통이 안 되고 일방적으로 저희가 소통을 하는 느낌을 받았는데 이렇게 어르신들이 편지를 써서 보내주신 거예요. 그래서 감동을 받은 기억이 있어서 소개해 드리고 싶었습니다.

전: 봉사를 했는데 돈으로 주는 보상은 아니지만 어르신들이 학생 고맙다, 훌륭한 학생이 되세요, 누구누구 할머니…. 서툴러 보이는 문구가 더 마음에 와 닿네요.

김: 맞아요.

전: 이게 구체적으로 어떤 정서와 연관이 된다고 생각해요?

김: 내가 나쁘지 않게 활동을 했구나 하고 성취도 느낄 수 있는 사진인 것 같고

요. 마음이 많이 따뜻해졌던 것 같아요. 코로나 때문에 사람도 못 보고 이래 저래 어려운 시기에 뭔가 편지 한 장이 마음을 따뜻하게 해 준 것 같아서 따뜻함을 느낄 수 있는 사진이었어요.

전: 김준이 느끼는 성취감은 구체적으로 어떤 거예요?

김: 저에게 있어서 성취감이요?

전: 그런 이야기를 많이 하잖아. 돈은 못 벌지만 성취를 많이 느낀다는 이야기를 많이 듣는 것 같아.

김: 다른 것에서는 성취를 다르게 느낄 수 있겠지만 봉사에서는 그 사람의 행복한 모습을 보는 것이 저에게는 큰 성취감인 것 같아요.

전: 내가 만나는 사람 누군가가 행복해지는 것, 상태.

김: 네.

전: 그런데 봉사하는 사람은 나랑은 무관한 사람이거든. 어떻게 보면 남인데 그런 사람의 행복한 모습을 보고 내가 어떤 성취를 느끼는 거지?

김: 남이 행복한 모습을 보면 행복해지더라고요. 그래서 그 행복한 모습에서 성취를 느끼는 것 같아요.

전: 다른 사람이 행복한 모습을 보면? 그건 왜 그런 것 같아요?

김: 저는 봉사를 하는 입장이고 봉사를 받는 입장에 있는 사람들은 보편적으로 웃음이 많이 없으시더라고요. 작은 시간이라도 웃음을 드릴 수 있다면 제가 행복한 시간을 함께했다는 것이 되잖아요. 행복한 웃음을 보는 것이 저에게는 큰 성취감인 것 같아요.

전: 그러면 봉사는 나를 위한 걸까요? 상대방을 위한 걸까요?

김: 남을 위한 것이지만 어떻게 보면 저를 위한 것인 것 같아요. 봉사활동을 하면서 많이 배우기도 하고 많은 행복도 느끼기도 해서 어떻게 보면 남을 위한 것이지만 나를 위한 것이지 않을까 생각해요.

전: 그래. 깊이 생각하면 헷갈리는 것 같기도 해. 봉사에서 얻는 것이 많은 것

같아. 뭔가 돈으로 환산할 수 없는 그런 것에서 의미가 있는 것 같아. 김준이 할머니한테 인기가 있었네. 진심 어린 만남이 된 것 같았네. 이런 것을 받으면 기분이 좋고 뿌듯한 것 같아. 나는 어른에게 손 편지를 받아본 기억이 없는 것 같아. 할머니들의 역사가 느껴지네. 또 있어요?

김: 마지막으로 아홉 번째 사진이요.

전: 요즘 하늘이 참 예쁘던데.

김: 요즘 코로나도 그렇지만 살다 보면 하늘을 볼 일이 잘 없잖아요. 제가 문득 길을 가다가, 오랜만에 외출을 하다가 문득 하늘을 봤는데 너무 예쁘고 보고만 있어도 기분이 좋아지는 느낌? 잘 찍은 것 같아서 기분이 좋아지는 것 같아서 소개하고 싶었어요.

전: 이때 보면서 무슨 생각했어요?

김: 저번에 말씀드린 것처럼 날씨에 영향을 많이 받는데요. 오늘 날씨가 매우 좋다, 괜히 기분이 좋아진다는 생각을 많이 한 것 같고요. 코로나라는 부정적인 이미지 때문에 괜히 날씨도 안 좋아질 것 같다는 생각을 했는데요. 코로나라는 어지러운 시기에도 날씨는 좋다는 생각에 기분이 날아갈 것 같았어요.

전: 김준에게는 날씨가 행복을 느끼는 데 중요한 조건이었던 것 같아. 이 사진이 너에게 어떤 의미를 주는 것 같아?

김: 마음의 여유를 다시 한 번 느끼게 해주는 것 같아요. 하늘을 보면 마음이 여유로워지거든요. 하늘을 보는 것 자체가 제가 여유롭다는 방증인 것 같아서요. 하늘을 볼 수 있을 만큼의 여유를 가지고는 있구나라는 것과 나도 이렇게 화창한 날씨처럼 마음이 그랬으면 좋겠다고 생각해요.

전: 하늘은 늘 그 자리에 있어 주는 것 같죠? 자연에게서 우리는 많은 것을 배우죠. 사진 찍으면서 전체적으로 어떤 느낌들을 경험했던 것 같아요?

김: 제가 평소에 사진을 안 찍거든요. 어디 놀러 가도 항상 한 장씩은 찍잖아요. 저는 안 찍거든요. 저희 부모님이 많이 찍는데 안 찍으려고 하고 친구들과

도 안 찍으려고 하고 그래요. 이번에 사진을 찍으면서 기록해 보려고 많이 찍었어요. 제가 새롭게 다녔던 길이나 제가 몰랐던 새로운 모습을 담을 수 있어서 좋았어요. 사진 속에서 여러 가지 의미를 부여하기도 하고 이때 내가 이런 기분을 느꼈구나 하는 것을 느낄 수 있어서 좋았어요. 앞으로 사진 찍는 것에 취미가 생길 것 같기도 해요.

전: 애썼네. 평상시에 자주 찍는 사람은 익숙했을 텐데 그렇지 않은데 의도적으로 찍으려고 노력을 했네. 사진 한 장에 네 시간과 정서도 담겨 있고. 내 삶의 경험과 사진 사이에 상호작용이 일어나기도 하는 것 같네. 단순한 행동인데 어제 내가 부여한 의미와 오늘 내가 부여한 의미가 달라질 수도 있겠다는 생각도 들고 여러 가지 생각이 드네요. 좋아요. 강빈은?

강: 저는 새벽을 좋아해요. 아침, 점심, 저녁이 있는데 그중에 새벽이 가장 좋아요. 왜냐하면 제가 활동적인 사람이라 낮에 운동도 하고 그래서요. 낮에는 맡을 수 없는 새벽만의 공기 냄새가 있어요. 그것이 일단 너무 좋고 새벽 거리를 뛰거나 걷다 보면 여러 가지 잡념이 차분히 정리가 된다는 느낌도 들어요. 제 미래나 저에 대해서 한 번 더 생각해 볼 수 있는 것 같아요. 그리고 이게 어떤 의미를 가지냐면 민제랑 늦은 시간에 농구를 한다고 했잖아요. 농구를 하고 늦게 걸어올 때 이런 느낌이거든요. 뭔가 새벽에 걷다 보면 차분해지고 제 생각도 정리하고 나에 대해서 한 번 더 생각해 보는 계기가 되어서 좋아요.

전: 그렇구나. 강빈, 이 사진은 어느 때야?

강: 새벽에 5km 뛰고 올 때의 사진 같아요.

전: 몇 시 정도에?

강: 제가 자다가 3, 4시쯤 깨어서 간 것 같거든요.

전: 자주 가는건가? 아니면 잠이 안 와서?

강: 요즘 너무 덥잖아요. 잠을 자다가 깼는데 잠이 안 와서 운동화 신고 나왔죠.

전: 자다가 잠이 안 오면 핸드폰을 뒤적일 수 있는데 굉장히 부지런한가 보다.

강: 네. 핸드폰보다 걷는 것을 더 좋아해서요.

전: 나와서 5km 뛰기는 쉽지 않을 것 같은데… 새벽 공기가 갑자기 그리워지네. 새벽 공기 중 내가 가장 좋아하는 것은 산속 통나무집에 놀러 가면 비가 오고 난 다음에 청량한 공기 있잖아….

강: 네. 비 오고 난 다음에 가면 좋아요. 이 사진도 비가 오고 난 다음이에요.

전: 그러게. 좋다. 또 있어요?

강: 6번 보드게임 사진이거든요. 제가 머리 쓰는 것을 좋아해서 친구들 4명이서 가끔 보드 카페를 가거든요. 이 게임은 코인 같은 것을 사서 전략적으로 게임을 하는 것이고 할리 갈리 같은 순발력으로 하는 게임, 아니면 라이어 스파이 게임 같은 연기하는 게임이 있거든요. 그런 것을 많이 해 보면서 친구들이랑 이야기를 해 볼 수도 있고 보드 카페에서 음료수도 마시고, 시원한 곳에서 하니까 행복해요. 뭔가 소소하게 애들이랑 하니까 행복해요.

〈친구들과 오랜만에 모여 보드게임〉

전: 게임을 빌리면 돈을 따로 내?

강: 제가 가는 곳은 하루에 4,500원이면 무제한으로 게임을 할 수 있어요. 보드게임을 4,500원으로 할 수 있으면 행복하죠. 집에 있으면 전기세 생각해서 에어컨도 못 틀잖아요. 이런 곳 가는 것도 좋아해요.

전: 생각보다 저렴하다. 이것은 행복하고 어떤 관계가 있을까요?

강: 저는 친구들 만나서 노는 것을 좋아해서요. 친구들 만나서 게임을 하는 행복도 있고 친구들 만나는 것에 대한 행복도 있고 친구들과 만나서 이야기를 하잖아요. 답한 고민이 아니라 자잘한 고민을 이야기하는 시간을 갖기도 하거든요. 여기에 가면 낮에 갔다가 저녁에 나오면 보통 5시간 있다가 오잖아요. 그러면 고민 들어주고 이야기하고 공감해 주는 것을 저는 좋아한단 말이에요. 그런 행복도 있는 것 같아요. 애들이랑 이야기하고 같이 시간을 보내는 행복.

전: 좋다. 게임하면서 자연스럽게 이런저런 이야기도 할 수 있고 요즘 어떻게 지내는지 그냥 이야기 나오는 대로… 사람을 만나고 이야기하는 것을 좋아하네.

강: 네. 제 성향이 그래서요.

전: 예전에는 남자들이 카페를 많이 안 갔는데 요즘은 많이 가는 것 같아. 남학생들끼리 영화도 많이 보러 가요?

강: 여자친구 없었을 때는 많이 갔죠.

전: 남자들끼리 영화 보러 가는 것은 익숙한 문화야? 언제?

강: 익숙한 문화인 것 같아요. 같이 문화생활 하는 것 같아서요. 농구하는 거랑 같은 느낌이에요.

전: 또 있어?

강: 이 정도인데 그냥 음식 사진들이 있잖아요. 밀면 같은 것? 저도 먹는 것 좋아해서요. 심지어 여행 가서 그 지역에서 맛볼 수 있는 특별한 것? 부산에는 밀면이 유명하잖아요. 부산역 주변에 있는 밀면집인데 맛있더라고요. 저는 맛있는 음식을 먹으면 행복하더라고요.

전: 맞아. 나도 그래. 음식과 행복의 연관성을 따져본다면 어떤 의미야?

강: 솔직히 인간의 욕구 중에 식욕이 제일 센 것 같거든요. 수면욕보다 식욕이

가장 중요한 것 같아요. 맛있는 것 먹는 것을 제일 좋아해요. 맛없는 것보다 맛있는 것 먹으면 엄청 기분이 좋아요. 동네 맛집 같은 곳을 발굴하는 것 좋아해요. 나만 아는 곳 말이죠.

전: 어떤 식으로 먹을 때 행복감이 높아지는 것 같아?

강: 성향이 외향적이고 같이 노는 것을 좋아하잖아요. 제가 좋아하는 사람과 맛있는 것을 먹는 것을 제일 좋아해요. 혼밥 하는 것을 좋아하는 사람들이 있는데 저는 친구들과 먹으면서 다음에 또 오자 이야기하면서 먹는 것을 좋아해요.

전: 전체적으로 사진 찍으면서는 어땠어?

〈친구와 함께 경주, 부산 여행〉

강: 일단은 교수님이 찍으라고 해서 찍은 것이 아니고 평소에 사진을 많이 찍는 편이라서요. 추억 같은 것을 제 머릿속에 저장할 수 있겠지만 남는 것은 사진이거든요. 여행 가서 예쁜 풍경을 보든 맛있는 것을 먹든 남는 것은 사진이거든요. 사진을 보면서 추억을 되새기면서 이때는 이런 일이 있고 이

런 일이 있었지라고 회상해요. 그것뿐만 아니라 새벽 같은 경우는 찾아보니 핸드폰에 있더라고요. 아, 이런 것이 행복이지 하면서 다시 한 번 상기하게 되는 것 같아요. 제 추억을 생각해 볼 수 있었어요.

전: 여행도 행복과 연관이 있는 것 같죠?

강: 네. 좋아해요.

전: 여행이 어떤 의미에요?

강: 제가 잘 몰랐는데 모험심도 좋아하고 돌아다니는 것을 좋아해요. 새로운 경험을 하는 것을 좋아하고 그렇기 때문에 여행이라는 것은 제가 잘 모르는 익숙하지 않은 곳을 가보는 거잖아요. 그곳에 가서 특별한 경험을 할 수도 있고 다른 사람들 만날 수도 있구요. 여행은 저한테 있어서 중요한 부분이에요. 기말고사 끝나고 갔을 때, 학업적으로 찌들어 있을 때 리플레시 하는 경험이죠. 여행 가기 전에 짐 쌀 때 가장 좋은 것 같아요, 설레고….

전: 낯선 곳에 가는 것이 인간에게 행복감을 준다고 생각해요?

강: 사람마다 다를 수 있다고 생각해요. 익숙한 곳에서 행복을 느끼는 사람이 있는 반면에 새로운 곳을 여행하면서 행복을 느끼는 사람들도 있단 말이에요. 사람마다 편차가 있어서 일반화해서 이야기할 수는 없지만 여행은 새로운 경험을 할 수 있는 계기라고 해야 하나? 그런 것이라고 할 수 있죠.

전: 강빈에게 낯선 장소는 어떤 의미야?

강: 뭔가 두렵기도 하지만 약간 흥미로운 곳인 것 같아요. 왜냐하면 작년 코로나 터지기 전에 친구들이랑 해외여행을 갔다 왔거든요. 필리핀을 다녀왔는데 솔직히 언어도 다르고 한 번도 안 가본 곳이라 두렵기도 하잖아요. 그곳에서 제가 한 경험이요. 제가 고소공포증이 있는데 절벽에서 떨어지는 경험을 했어요. 12m 계곡 같은 곳에서 점프를 했는데요. 제 약점인 고소공포증을 극복할 수도 있었고요. 현지인들과 맨발로 농구도 하고요. 이런 것들이 저에게는 신선하기도 하고 좋은 경험을 쌓을 수 있는 계기가 된 것 같아 좋았어요.

전: 가보지 않은 장소, 만나보지 못한 사람들, 이런 것이 나에게 호기심을 가지게 하는 것 같기도 하구요. 그 자체가 즐겁다. 수고했어요. 또 이현?

이: 3번 사진이요. 제 친구 학교인 고려대학교 앞에서 찍은 사진인데요. 제일 친한 사이인데 서로 알고 친해진 지 10년도 넘었고요. 저의 특성상 다른 사람을 넓고 얕게 사귀기보다 적은 사람을 깊게 사귀는 편이라서 제일 친한 친구가 이 녀석이에요. 이 친구와 많은 부분을 보냈어요. 제 행복에 있어서 이 친구가 담당하는 부분이 좀 크구나 싶어서 찍게 되었어요. 친구가 학교에 있을 때 가서 같이 찍게 되었어요.

전: 친구를 만나러 가게 된 거네. 이걸 찍을 때 어떤 생각을 했어요?

이: 친구한테 고맙다는 생각을 했어요. 저거 찍을 때 서로 친하고 비밀도 없고 말도 편하게 하고. 그러다 보니까 평소에는 친구가 제 말을 들어주고 대화하는 것에 대해 고마움을 못 느꼈는데 사진을 찍으면서 느꼈던 것 같아요. 저한테 있어서 소중한 존재라는 느낌이 왔어요.

전: 친구가 행복과 큰 연관성을 지니는 존재네.

이: 네. 저한테 있어서 그래요.

전: 여러 부류가 있잖아요. 가족도 있고 선배도 있고 많은 인연이 있는데 이 사람이 큰 의미 부여를 하는 사람이네. 저것이 행복과 구체적으로 어떤 연관성을 지니는 걸까요?

이: 사진 자체는 잘 모르겠는데 친구가 저한테 있어서 어떤 때는 편안함도 주고…. 저는 친구들한테 비밀 같은 것을 잘 이야기하지 않는데 이 친구에게는 하거든요. 어떻게 보면 또 다른 나라고 느껴질 때도 있고요. 그래서 편안하고 같이 있을 때 즐거울 때도 많고 그런 것 같아요.

전: 네가 개방적으로 오픈하고 다니는 스타일은 아닌데 이 친구만은 특별하네. 허물없이 대할 수 있고 비밀도 다 이야기할 수 있고. 그런 의미에서 허물없다는 것은 편안함을 주는 것 같네.

이: 네. 또 이 사진은 카페 가서 책 보는 것을 좋아하는데 학기 중에는 바빠서

못 했는데 방학하고 자주 가는 카페에 가서 책을 보는데 행복하다는 생각이 들어서 사진을 찍게 되었어요.

전: 나도 진짜 좋아하는 일 중의 하나거든. 다른 것이 필요 없잖아. 마실 수 있는 것하고 책, 세상의 모든 근심을 잊고 하루 종일 있을 수 있는데. 저 책하고 커피는 어떤 의미야?

이: 저한테는 여유로움과 관련이 있는 것 같아요. 평상시 바쁠 때는 못 하잖아요. 카페에서 책 보는 것 같은 '여유로움, 한가함, 자유로움'과 관련이 있는 것 같아요.

전: 시간적인 여유를 가지고 만날 수 있는 시간이네. 저 〈설국〉이라는 책을 선택한 이유가 있어요? 여러 책 중에서?

이: 제가 고전 읽는 것을 좋아해서요. 저 출판사 자체도 좋아해서요. 추천 목록에 있는 책들은 대부분 읽으려고 하는 편이에요. 책 자체를 엄청 좋아하지는 않는데 책을 많이 보면 사고력도 늘어나고 어휘력도 늘어나는 것 같아서 자기 계발의 목적이 큰 것 같아요. 좋아서 하기보다요.

전: 단순히 즐긴다는 것보다는 사고력이나 어휘력을 넓히기 위한 수단으로 생각하는 것이기도 하네.

이: 네. 그렇기도 한데 너무 재미없지는 않아서 자주 읽으려고 해요.

전: 그런데 뭔가 나의 발전과 행복이라는 단어의 연관성을 보면 어떻게 설명할 수 있을까?

이: 저 같은 경우에는 계속 꾸준히 발전해야 한다는 강박 같은 것이 있어요. 해가 지났는데 작년이랑 똑같거나 그러면 뭐라 말로 표현해야 할지 모르겠는데 뒤처지는 느낌? 그런 것이 들어서 발전한다는 느낌 자체가 행복감을 주는 것 같아요.

전: 그냥 똑같거나 뒤처지면 안 돼?

이: 모르겠어요. 저는 과거의 저랑 비교하는 버릇이 있는데 과거와 비슷하다 싶으면 행복하지는 않을 것 같아요.

전: 원하는 목표치가 있네. 네가 원하는 목표는 뭐야?

이: 궁극적으로는 잘 모르겠어요. 궁극적으로 어떤 모습이 되어야지 그런 것은 없지만 과거의 저와 비교했을 때 발전했으면 좋겠다는 막연한 마음이 있어요. 구체적으로는 잘 모르겠어요.

전: 구체적으로 찾아나가는 과정이네요.

이: 네. 미래를 단정할 수는 없기 때문에요.

전: 뭔지는 모르겠지만 어제보다는 나아 보이는 내가 되었으면 좋겠다. 커피는?

이: 커피는 하루에 한 잔은 무조건 마셔서 제가 볼 때는 중독인 것 같기는 한데 커피를 좋아해요.

전: 커피를 좋아하는 것 이상의 의미가 있을까?

이: 배터리 같은 의미 같기도 해요. 보통 피곤할 때 많이 마시잖아요. 저는 잠이 많은 편이라서 커피는 저에게 있어서 필수품인 것 같아요.

〈커피: 에너지 충전〉

전: 충전해 주는 에너지 같은 거네. 좋은 친구네. 그게 행복감과 연관이 되는 거네. 어떤 면에서는?

이: 어떤 면에서는 에너지를 주기 때문에 침체되어 있을 때보다는 행복감에 기여를 하는 것 같아요.

전: 정서와도 연관이 있을까?

이: 정서는 잘 모르겠어요.

전: 뭔가 마시면 기분이 좋아지고 일단 커피를 살 때 현금이나 카드를 내잖아. 바코드를 찍잖아. 그것 자체가 소비의 즐거움이 있지 않아요?

이: 그것은 잘 모르겠어요.

전: 돈을 쓸 때 사람들이 즐거움을 느낀다는 보고가 있더라고. 스트레스를 받으면 무언가를 사잖아. 카드를 냈을 때 죄책감이 덜하데요. 그래서 카드 사용 시 과소비를 하게 되는 경향이 있다는 보고가 있더라고…. 또?

이: 이 사진 보여드릴게요. 해산물 먹었던 것 같은데 일본식 술집에 갔어요. 친구 중에 고등학교 때 미국 유학 갔다가 잠깐 귀국해서 오랜만에 만난 술자리인데 그 자리가 좋아서 사진으로 남겼어요.

〈이색적인 음식과 일본식 술집〉

전: 커피와 술은 다른 의미가 있는 것 같네. 술은 술집에서 사람들의 소리도 연상이 되는 것 같아. 삶의 원동력이 되어 준다고 했는데 친구가 중요해? 술이 중요해? 어떤 것이 일어나길래 삶에 원동력이 되어 줄 수 있을까?

이: 저는 술을 별로 좋아하지 않아요. 거의 마시지 않는데 친구가 좀 더 큰 것 같아요. 원동력이라는 말에는 친구가 영향이 큰 것 같아요.

전: 술을 마시면서 시간이 지나면 지날수록 친구 관계가 바뀌지 않나?

이: 친구 관계가요?

전: 뭔가 술을 마시고 취기가 올라오고 그랬을 때 그간의 하지 못했던 이야기도 하고….

이: 그런 것이 있는 것 같아요. 술을 마시기 전에는 오랜만에 만나면 데면데면한 것이 있는데 술을 마시면 옛날 친했던 과거로 돌아가게 해주는 느낌이 있는 것 같아요.

전: 술이 가지고 있는 힘인 것 같거든. 커피에서는 어느 정도 거리감이 늘 있는 것 같아. 한국학을 연구하시는 분들이 술을 마시는 것에 대해서 어느 정도 긍정적으로 평가하시는 것 같더라고. 많이 마시면 문제가 되지만 그런 면에서는 인간관계를 돈독하게 해 주는 것 같아. 그리고 술을 아무나와 마시지 않잖아. 상사랑 마시면 괴로운 일이잖아요. 옆에 10분 앉아 있으면 아주 불편한데 편안한 사람과 마시는 것은 행복감을 주잖아요. 누구랑 마시는 것이 중요하네. 또 있어?

이: 이 사진 할게요. 이게 뭐냐면 음악을 듣는 것을 평소에 좋아하고 음악을 들을 때 행복하다는 생각도 많이 하게 되는데요. 음악을 듣는 것을 사진으로 찍기. 그래서 제가 좋아하는 유튜브 아티스트 라이브를 찍은 사진을 골랐어요. 음악이 저에게 있어서 행복에 큰 영향을 준다고 생각해서 보여드리고 싶었어요.

〈인터넷으로 즐기는 라이브 공연〉

전: 음악을 들으면 어떤 일이 벌어질까?

이: 새로운? 평상시 일상에서 느끼지 못하는 새로움을 많이 느껴요. 저는 다양한 음악 장르를 좋아하기 때문에 어떤 아티스트가 새로운 앨범을 내면 다 찾아 듣는 편이라서 뭔가 일상이 반복될 때 새로움을 주는 요소가 되는 것 같아요.

전: 어떤 새로움을 나에게 주는 걸까?

이: 새로운 노래는 옛날에는 존재하지 않았던 것인데 새로운 음악이나 새로운 과자는 그런 면에서 새로움을 표현하는 거죠.

전: 나도 언제부턴가 그런 습관이 생긴 것 같아. 연구를 하거나 몰입하게 되면 에너지가 많이 들잖아. 많이 집중을 하다가 뭔가 기타나 바이올린, 플롯 같은 다른 색깔의 음악들이 주는 감정정화가 있어. 나도 뭐라고 설명은 못 하겠는데 그것이 기분 전환이나 새로운 감정을 만들어주지. 기분이 좋아지기도 하고 부정적인 감정이 사라지는 것 같기도 하고 다운된 에너지를 업시켜 주기도 하고. 그때마다 음악이 주는 에너지가 있는 것 같아. 전체적으로 사진을 찍으면서 어떤 생각이나 느낌이 있었어?

이: 저에 대해서 좀 더 잘 알게 되었어요. 평소에 사진 찍는 것을 잘 안 하는데요. 딱히 행복에 대해서 구체적으로 생각해 봤던 경험이 없는데 찍으면서 이런 것에서 내가 행복을 느낀다는 것을 알게 되었고요. 제일 처음에 이야기한 것처럼 친구가 소중한 존재라는 것을 알게 되어서 좋았어요.

전: 조깅하는 것 있잖아. 조깅을 하면 어떤 일이 벌어져?

이: 조깅을 하면 힘들다 보니까 일상에서 하는 고민들을 잠깐 동안 안 할 수 있어요. 그리고 끝나고 생체 아드레날린 같은 고양감이 느껴지는 것 같아서 개운한 느낌도 들구요.

전: 그렇죠? 나도 언제부턴가 산책? 천 같은 곳을 가끔 걷는데 예전에는 발견하지 못한 것이 있어요. 한 걸음 한 걸음 갈 때마다 보이는 풍경이 늘 바뀌더라고요. 그것이 새로운 것으로 다가오는 것 같더라고. 그냥 나이가 들었나? 이런 생각을 했는데, 노을이 지거나 새벽이 되거나 이럴 때 생각이 달라지고 내가 어떤 음악을 듣는 것에 따라 달라지고, 똑같은 공간을 걷는데도 다른 경험을 하게 되고, 봄, 여름, 가을, 겨울에 따라 똑같은 장소가 달라지잖아. 그래서 걷는 것 자체가 좋은 것 같아. 날마다 색다른 경험을 해 하게 해주니까요. 수고했어. 서중기는?

서: 1번이랑 2번이요.

전: 음악이네?

서: 저도 노래 듣는 것을 너무 좋아해서 2번도 헤드폰도 노래에 집중하고 싶어서 구입한 거예요.

전: 노래가 서중기에게 어떤 의미예요?

서: 노래만 듣고 있는 것이 아니고 다른 활동을 하면서 항상 노래를 들어요. 습관적이라고 해야 하나? 어느 순간부터 그렇게 된 것 같은데… 저기 보는 것처럼 새벽에 잔잔한 피아노 음악을 들을 때도 있고 좋아하는 가수 앨범을 찾아서 들을 때도 있어요.

전: 여러 가지 장르로?

서: 여러 가지 장르는 아니고 주로 피아노 음악이나 힙합 음악을 들어요.

전: 피아노나 힙합을 좋아하고 더 집중하기 위해서 헤드폰을 샀다는 거구나. 진짜 비싼가 보다.

서: 노이즈 캔슬 하는 기능이 있는 것 중에는 어느 정도 싼 편이에요. 저는 사람들을 만날 때 재미있기는 한데 기 빨리는 느낌이라고 해야 하나? 어느 정도 에너지가 소모된다고 해야 하나? 행복을 느낄 때는 조용한 것을 좋아하고 새벽에 혼자 무언가를 하는 것을 좋아합니다. 밤늦게….

전: 공부를 하는 거야? 영화도 보고 노래도 듣고?

서: 이 사진을 보면 공원 사진이 있거든요. 집 앞에 있는 곳인데 새벽 2~4시쯤 가면요. 원래는 사람들이 많이 다니는 곳인데 새벽 3, 4시쯤 가면 할아버지 할머님 몇 분만 계시고 사람들이 거의 없거든요. 그때 이어폰으로 노래를 듣고 혼자 생각하는 것을 좋아해요.

전: 주로 무슨 생각을 해?

서: 그냥 이것저것 생각을 하는 것 같은데 모르겠어요. 그때마다 다르고 정해서 생각하는 것이 아니라서요.

전: 새벽 시간이라는 데 의미가 있네. 새벽 공기가 느껴지는 것 같아요.

서: 여기 아침에 가면 사람이 엄청 많아서 저는 사람 많은 것을 안 좋아해서 일부러 새벽에 가요.

전: 맞아. 나도 조용한 곳이 좋아지더라고. 여러 가지 생각도 하고 사색을 하는 것이 행복과 어떤 연관이 있을까?

서: 그냥 사색하려면 여유가 있어야 하잖아요. 저런 조용한 곳에서 시간도 있어야 하고요. 그냥 행복을 느끼는 것 같아요. 지금은 방학을 해서 여유가 있지만 학기 중에는 바빠서 저럴 수가 없거든요. 쉰다는 느낌?

전: 또?

서: 6번이요. 저희 할아버지가 메일로 자주 도움이 되는 이야기를 보내주시거든요. 그래서 아까 헤드폰을 끼고 잔잔한 음악을 들으면서 저런 글을 읽으면 행복해지겠죠.

전: 할아버지가 책을 보고 쓰신 거예요? 할아버지의 생각인 거야?

서: 어떤 잡지가 있나 봐요. 〈바른 생각〉이라는 월간지? 거기에서 그런 글을 보내주시고 마지막에 생각 같은 것을 세 줄 정도 보내주셨어요. 할아버지와 제가 나이 차이가 많이 나니까 경험에서 오는 지혜 같은 것을 간접 경험을 하는 거죠.

전: '공짜는 없다'는 이 글을 읽고 어떤 생각이 들었어?

서: '그래, 공짜는 없구나'하고 하고 다시 한 번 제가 경험했던 것을 떠올리면서 그 말이 맞는다는 생각도 하고요. 저 글을 보고 난 뒤 바로 공원으로 나갔거든요. 생각하고 싶어서요. 저는 행복을 느끼는 것이 다른 사람과 나누는 것도 좋지만 혼자서 잘 느끼는 것 같아요.

전: 꼭 사람과 만나서 느낄 수 있는 것도 있지만 혼자 사색하고 생각하고 글들을 보면서 느껴지는 행복이 있네. 할아버지가 좋은 글들을 보내주시고 메일을 열어보면서 무슨 이야기일까? 가끔 잔소리도 하시겠지만, 기본적으로 손주가 잘 되기를 바라는 마음에 할아버지가 혼자 보시기 아까운 글을 보내셨을 텐데 그것이 감사하게 느껴지겠네. 할아버지가 서중기에게는 어떤 존재야?

서: 어릴 때부터 가깝게 지냈었고요.

전: 외할아버지? 친할아버지?

서: 외할아버지. 그리고 주변에서 본 사람 중에 진심으로 존경스러운 인물이고 배울 점이 많은 분이세요.

전: 가족 중에 존경할 수 있는 사람이 있다는 것은 참 행운이다. 어떤 부분에서 가장 존경스러워?

서: 외할아버지가 시각장애인이신데 그것을 극복하시고요. 원래는 고등학교 선생님이셨는데요. 역경을 이겨내고 다양한 성취도 이루시고 말씀하시는 한 마디가 조금 뼈가 있는 말이라고 해야 하나? 그런 말이 많으시거든요.

전: 할아버지가 그 글을 점자로 쳐서 주시겠네요?

서: 메일 주소를 보면 저게 시각장애인 전용 메일이거든요.

전: 할아버지 자체가 시각장애를 안고 계심에도 뭔가 계속 안주하거나 좌절된 모습을 보여주지 않고 삶으로 보여주시는 것 자체가 감동적이에요.

서: 맞아요. 말이 아닌 행동으로 보여주시는 것 자체가 감동이죠.

전: 그러게. 감명을 준다.

서: 저라면 저렇게 못 살았을 거예요. 제가 혼자 생각하는 것을 좋아하는 것이 할아버지의 영향도 어느 정도 있는 것 같아요. 어릴 때 이런 주제로 이야기를 하는 건 또래들과 하지는 않잖아요. 할아버지와 산책을 나가서 저런 이야기를 하고 그랬어요.

전: 무언가 진지하게 생각할 수 있는 환경이기도 했겠다. 또?

서: 이 정도인 것 같아요.

전: 맛있는 음식은 자주 등장하네. 그리고 친구가 꼭 있다.

서: 친구가 많이 있는 것은 아닌데요. 몇 명 깊게 사귀는 편이에요. 초등학교 때부터 10년 이상 만나는 친구라서 어색하지 않은 친구라서요.

전: 사진을 찍으면서 어떤 느낌이 있었어요?

서: 저도 사진 찍는 것을 별로 좋아하지 않는데요. 이런 기회가 없기도 하고요. 이런 기회를 통해서 생각도 하고요. 다른 사람들 이야기도 많이 들었잖아요. 그럼으로써 저에 대해서 좀 더 알 수 있게 되었어요.

전: 이런 작업을 하면 또 다른 내가 구체적으로 보이는 것 같아요. 다음은?

문: 친구들과 여행을 가서 수영장에서 신나게 놀고 있는 사진인데요. 여행이라는 단어 자체가 뭔가 구속되지 않고 즐기는 느낌을 주기에 저를 행복하게 만든다고 생각합니다.

전: 여행이 어떤 의미에요?

문: 저에게 여행은 평소에서 벗어난, 저는 진짜 자유를 만끽하고 싶어서 가는 것이 여행이라고 생각하거든요.

전: 우리는 자유롭게 선택할 수 있는데 왜 굳이 일상을 벗어나서 자유를 찾을까?

문: 실제로는 자유롭지 않다고 생각하기 때문에 자유를 찾는 것 같습니다. 예를 들어 과제라든가 평소에 대학 생활이라든가, 자유 시간을 깎아내는, 부족하게 하는 것이 존재하기 때문에 여행에 가서 그런 것을 생각하지 않고 원하는 대로 놀 수 있기 때문에 여행이 자유를 의미한다고 생각합니다.

전: 해야 할 과업, 의무적인 것에서 아주 벗어나서 자유롭게? 그것이 참 좋은 의미이다. 여행을 가서 2시까지 놀고 3시부터 밥을 먹어야 하고 세우지는 않는 것 같아. 와! 물이 깨끗해 보인다. 이곳에서 노는 느낌이 어땠어요?

문: 일단은 친구랑 함께 갔다는 것이 행복했어요. 혼자 여행을 갔다면 행복이 반으로 줄었을 거예요. 친구랑 가는 것이 행복을 배로 만든다고 생각합니다.

〈혼자 하는 물놀이〉

전: 혼밥, 혼행은 있지만 혼물은 아직은 없는 것 같아. 물놀이는 혼자 접영을 즐길 수는 있겠지만 물장난을 치려면 상대가 필요한 것 같아.

문: 저보다 나이가 많은 사람들이요. 동갑은 없었고요. 전 대학 사람들이거든요.

전: 친한 사람들이야?

문: 그렇죠. 짧은 시간 안에 친해진 사람들이라서 유독 정이 갔어요.

전: 아무랑 물놀이하지는 않는다. 불편한 사람과 식사는 할 수 있어도 불편한 사람과 물놀이를 하지는 않는다. 또?

문: 두 번째는 풍경입니다. 여기가 청주고요. 앞에 이현 님이 조깅할 때 보는 풍경처럼 그런 곳을 상상했고요. 여기가 산 쪽이에요.

전: 산에 올라가서 찍은 거야?

문: 네.

전: 날씨가 좋다. 이게 행복과 어떤 연관성이 있어?

문: 저는 맑은 하늘과 푸른 자연을 보면서 마음의 평화도 얻고요. 산이다 보니 나무도 굉장히 많아서 맑은 공기를 맡을 수 있어 좋았고요. 도시와는 다른 풍경이기 때문에 색다름을 느낄 수 있어서 좋았습니다.

전: 공기가 맑고 물이 좋으면 인간이 행복해지죠. 뭔가 도시에 꽉 들어찬 건물 말고 자연이 주는 것이 있죠. 자연이 네게 어떤 것을 가져다주는 것 같아요?

문: 자연이 저에게 있어 말 그대로 행복을 가져다준다는 이유가 도시에 살면 공기도 안 좋고 주변 높은 건물 때문에 하늘을 보기 어려운 경우가 많습니다. 밤이 되면 산이 있는 지역은 별이 보이기 때문에 도시에서는 볼 수 없는 풍경을 얻을 수 있고 그것을 통해서 저는 마음의 평화를 얻는다고 생각합니다.

전: 그런데 자연이 주는 행복함이 있는데 사람들은 서울로 올라와서 살고 싶을까요?

문: 자연이 주는 행복함이 있겠지만 사람은 서울에 가야 성공한다는 말도 있듯이 어떻게 보면 서울은 사람들이 밀집되어 있기 때문에 다양한 기회가 있는 것이고 제한적인 부분에 성공할 수 있는 길이 많다고 생각합니다. 그래서 사람들이 서울로 모인다고 생각합니다.

전: 성공이라는 것이 보통 학교, 집값과 같이 돈과 관련된 것이 많지 않나? 그것이 정말 행복감을 가져다줄까요?

문: 그것은 사람들마다 다르다고 생각하고 있습니다.

전: 서울이 가져다주는 행복, 성공 이런 것이 있다고 생각하세요?

문: 저는 있다고 생각하고 있습니다. 그 이유는 서울은 아무래도 다른 지역에 비해서 발전되어 있고 다른 지역에서 잠깐 동안 살다 와 보니 교통편이나 편리함이 더 발전되어 있기 때문에 사람들이 서울을 선택하는 이유는 존재한다고 생각합니다.

전: 또?

문: 시원한 빙수요.

전: 빙수 양도 엄청나네…. 오레오 빙수랑 딸기 빙수네.

문: 저한테는 시원한 빙수가 맛있는 음식이라고 생각하시면 됩니다. 아래에 있는 색다른 음식과 똑같은 건데 습하고 뜨거움에 지쳤을 때 시원한 빙수를 먹으면 다들 행복하다고 느끼는 것과 똑같다고 생각하시면 됩니다. 이렇게 시원한 기분을 느끼면서 불쾌하고 찝찝한 느낌에서 벗어날 수 있고 그러면서 이런 과정에서 행복을 느낀다고 저는 생각하고 있습니다.

전: 색달라서? 시원해서? 아님 맛있어서?

문: 그것이 다 포함이 되고요. 그 아래에 있는 사진도 보여줄 수 있나요? 그거랑 같이 설명할게요. 색다른 음식이요. 이 사진과 연관지어서 설명하겠습니다. 평소에 집밥을 먹다 보면 가끔 새로운 음식을 먹고 싶다고 생각합니다. 그럴 때 맛에 대한 욕구를 색다른 음식을 먹음으로써 충족시키면서 행복함을 느낄 수 있다고 생각합니다.

〈여행의 묘미: 부산 밀면〉

전: 뭔가 밥공기에 떠서 먹는 밥이 아니라 색다른 기분을 전달해 줄 수 있는 색다른 음식을 만나는 것이 너에게는 어떤 경험이야?

문: 색다른 음식을 만난다는 것은 저에게 새로운 맛을 준다고 생각합니다. 평소에 안주하는 사람은 새로운 경험을 했을 때 더 크게 와 닿는다고 생각하거든요. 그렇기 때문에 평소 집밥만 먹다 보면 새로운 음식을 먹었을 때 이거 진짜 맛있구나, 이건 독특하구나 하고 생각할 수 있으니까요.

전: 그런데 왜 새로운 것을 추구할까?

문: 새로운 것을 추구하는 이유는 일상에 안주하지 않기 위해서라고 생각합니다. 사람이 매일 똑같은 일, 밥, 상황에 처하다 보면 그것을 기계적으로 하기 때문에, 매일과는 다르게 이것도 어떻게 보면 압박? 내 시간을 억압받는 것이기 때문에 한마디로 일탈이죠. 일상을 벗어나는 그런 느낌을 얻기 위해서 저는 색다른 음식을 먹거나 새로운 도전을 하거나 새로운 것을 추구합니다.

전: 안주하면 어떤가요?

문: 안주하면 매일 똑같은 감정을 느낀다고 생각합니다. 매일 과제를 하면서 이 과제는 도대체 언제 끝나지? 이런 생각부터 먼저 하기 때문에요. 물론 과제를 끝내면 행복하겠지만 과제를 하고 있는 상황에서는 평소와 똑같구나, 평소와 똑같은 과제를 하고 있다는 생각이 들기 때문에 행복하다고 느낀 적은 없었습니다.

전: 재미있는 현상인 것 같아. 어떤 면에서는 일상이 바쁘잖아. 그런 와중에 내가 새로운 것을 찾고 안주하면 안 되겠다는 생각도 들고, 누가 시킨 것도 아닌데, 그런데 새벽에 일어나서 조깅을 하고 다양한 일이 벌어지네. 전체적으로 찍으면서 어떤 느낌이나 생각을 했어?

문: 찍으면서 생각지도 못한 점에서 행복함을 느낀다고 생각했습니다. 그리고 혼자보다는 여러 명이 함께 하는 것을 제가 즐긴다는 것을 알게 되었습니다.

전: 사진은 이 정도로 하고, 여러분의 이야기를 들으면서 많은 생각이 드네요. 행복한 것이 특별한 것에서 발견되지는 않는 것 같아요. 서울대학교 행복연구소에서 발견한 내용들도 머릿속에서 스쳐가네요. 인간이 누군가를 만나서 맛있는 것을 먹을 때, 여행을 갈 때 이것이 인간에게 행복을 준다는 보고가 많이 있거든. 그렇다면 내 일상에서 스스로 만들어낼 수 있는 것이 행복일 수도 있겠다는 생각도 들고 한편으로는 시시한 것처럼 느껴지기도 해요. 우리는 고군분투하면서 살잖아요. 뭔가 성공과 행복을 위해서 살잖아요. 사실 내가 추구하는 것? 이런 것이 나에게 잠깐의 행복을 줄 수 있지만 그렇게 거창한 것이 없는 것 같기도 하구요. 거창한 것이 없으면 어떡하지? 거창한 것이 생겨야 재미있을 텐데…. 남은 20분 동안은 남성 젠더의 행복이라는 주제로 이야기를 나누어볼 텐데, 우리가 남성으로 모였잖아요. 남성과 여성의 행복 차이가 있다고 생각해요? 첫 번째 질문으로 특히 대학생 청년의 삶에서 남성과 여성의 행복 차이가 있다고 생각하세요? 대학생 남성의 행복을 보장하기 위해서 어떤 것이 필요할까요? 여성과 차별화하여 이야기한다면 무엇이 있을까요? 남학생 입장에서 이야기를 해주면 좋겠네

요. 생각나는 대로 이야기를 해 볼까요?

김: 저는 여학생이 많은 학과를 다니고 있는데요. 군대를 갔었던 때인데요. 국가의 부름에 따라 2년 동안 격차가 벌어졌던 것 같아요. 제 동기는 졸업학번이고 4학년으로 올라가고 있는데 저는 신입생이 끝나고 바로 군대를 갔기 때문에 제대 후 2학년이 되었고 그 격차로 인해 저도 모르게 조급함을 느꼈어요. 동기는 취업 준비를 하고 사회에 나가는데 저는 뭔가 한 걸음 늦추어진 것은 아닐까라는 느낌이 많이 들었고요. 동기들과 같은 학년으로 들어왔지만 2년이 늦어지게 되니까 휴학 같은 것을 하는 것도 뭔가 부담스러웠어요. 나도 뭔가 나만의 시간을 갖고 싶은데 또 휴학을 하기에는 2년이라는 공백 기간이 크다 보니 그런 것에 있어서 부담감을 많이 느꼈어요. 그것 이외에는 대학 생활에서는 크게 행복감에서 차이를 느꼈던 것은 없었어요.

전: 지금 이야기한 군대 2년은 행복감과는 반대되는 마이너스가 되는 요인이라고 봐도 될까?

김: 굳이 따지면 저에게는 마이너스 요인일 것 같은데 군대 갔던 시기가 불행하다고 생각되기보다는 조급함을 주었던 요소였어요. 그렇게 생각하지 않아도 되지만 사람은 남과 비교하면서 살아가잖아요. 그런 것에서 괜히 조급함이 생기게 되는 역할? 그런 것 같아요.

전: 학과에 여학생들이 많으니까 동기들과 비교? 이런 것이 생길 수밖에 없고 그것에서 나타나는 조급함이 있는 거네. 또 대학생들 입장에서 봤을 때 여성과 극명하게 차이가 나는 부분이 있을까? 행복의 조건이라든지, 행복의 개념이라든지….

강: 저는 이 질문이 굉장히 일반화하기 어렵다고 생각해요. 가부장적인 세대였을 때 여성들은 감성적이고 남성은 그렇지 않다는 편견도 있고 고착화되어 있었잖아요. 요즘 세대는 그런 벽이 많이 허물어졌다고 생각하거든요. 남성이라고 해서 다 감성적이지 않은 것이 아니라 감성적인 분들이 있기도 하고요. 여성도 모두가 감성적이지 않을 수도 있고요. 이렇게 대학생 남성이 대학생 여성과 달리 행복을 어디에서 느끼는가는 솔직히 말해서 모르

겠어요. 사람마다 다르고 그 사람 자체로 존중을 하니까 그 사람의 차이? 행복의 조건이 있으면 여기 있는 다른 학우분들마다 다른 조건들이 있잖아요. 이건 젠더 개념으로 보는 것이 아니라 사람 개별로 봐야 할 것 같아요. 구별되는 점을 찾기에는 어려워요. 그리고 군대 문제도 어찌 되었든 아직 갔다 오지 않은 입장이기는 하지만 엄청 마이너스라고 생각하지는 않아요. 왜냐하면 군대 가서 뭔가 규칙적인 생활을 하면서 그런 습관을 잡을 수 있을 것 같고 체력도 기를 수 있을 것 같아요. 어쨌든 남자라면 가야 하니까 거기에서 그냥 군대 내에서 행복을 찾아야죠. 군대 내에서 하고 싶은 자격증 공부를 한다든지. 저는 틀이 없는 삶을 살아왔다고 생각하거든요. 그런데 군대라는 사회 틀 속에서 배우는 것이 있을 거라고 생각해요. 군대를 마이너스라고 생각하지 않고 행복 같은 경우에는 젠더라는 문제로 봐야 할 것이 아니고 사람 개인 간으로 봐야 할 것 같아요.

전: 군대라는 곳은 자신이 통제할 수 없는 환경이잖아. 그러면 그곳에서 자격증을 준비하거나 어떤 일을 해서 뭔가 시간을 값지게 보내는 것도 중요하겠네. 내가 군대라는 사실을 어떻게 받아들이고 해석하는지가 중요할 수 있겠네.

강: 네. 맞아요.

전: 어떻게 보면 나에게 닥친 상황을 어떻게 해석하는지에 따라서 답이 달라질 수 있겠네.

강: 네. 어쩔 수가 없는 거잖아요. 피할 수가 없잖아요. 그 상황에서 적응하고 자기가 어떻게 해결하는지 중요하다고 생각해요.

전: 그러면 생각하기 나름이야라고 말하잖아요. 그것과 유사한 맥락이기도 하네.

강: 유사한 맥락인 것 같아요. 정리가 어렵죠?

전: 재미있는 해석이네. 그래도 차별화되는 것은 없을까? 물질적인 면에서는 통념이지만 남성은 자동차랑 시계 이런 이야기를 가십거리로 하기도 하잖아. 남성만으로서 가질 수 있는 행복? 그런 것이 뭐가 있을까? 어떻게 생각해요?

서: 저는 개인적으로 세대에 따라 다르다고 생각하는데요. 물어보신 것이 대학생이잖아요. 젊은 사람들은 대부분 성별에 국한된 것 없이 다양하게 살고요. 대학생이 제일 다양하다고 생각하거든요. 뭔가 일반화를 하기 어려울 것 같고 일반화를 하면 불편하다고 생각하는 사람들이 많은 것 같아요. 예전 할머니 할아버지들은 그런 것이 있었던 것 같은데 요즘 대학생 시대? 세대에 일반화를 적용하면 저는 불편하지 않지만 다른 사람들은 불편하다고 생각하는 사람들이 많더라고요. 그래서 요즘 시대에는 말하기 어려워요.

전: 남성들은 특별히 이럴 때 행복하다고 생각하는 것이 있어?

서: 솔직히 남자 여자는 군대 말고는 없는 것 같아요. 어차피 가야 하는 거니까요. 왜냐면 아는 여성 중에도 게임이랑 축구 좋아하는 분도 있고 많지는 않지만 남성 중에서도 뜨개질을 좋아하는 분도 있더라고요. 아마도 좀 더 많아지지 않을까요?

전: 여러분이 몇 년생이죠?

서: 2001년생입니다.

전: 나누는 것 자체를 불편하게 생각할 수도 있고, 나누는 것 자체를 의미 없다고 볼 수도 있겠네요. 또, 이현?

이: 저도 앞서 이야기한 것처럼 남자여서 여자여서 행복을 느끼는 것에 차이점이 있기보다는 개개인의 환경이나 성장배경이나 선천적인 성향 이런 것에 따라 갈리는 것 같아요. 성별이 다르다고 해서 여자는 이런 것을 할 때 행복을 느끼고 남자는 이런 것을 할 때 행복을 느끼기보다 개인차에 따라서 달라지겠죠.

전: 남성으로서의 행복을 연관지어서 이야기할 것은 크게 없다고 생각하는 거네.

이: 네. 그래요.

전: 행복과 반대되는 개념으로 생각하면 아직은 취업, 결혼과 관련해서 내가 집을 책임져야 하고. 시대가 바뀌었다고 해도 아직도 리포트를 받아보더라

도 여학생은 직업이 있으면 좋지만 없으면 돈 많은 남자에게 시집가면 된다는 이야기가 많더라고요. 남학생들은 직업에 관해서 고민을 더 진지하게 한다고 할까? 여자를 책임지고 자기 스스로도 능력이 있어야 한다고 생각하는 것 같더라.

이: 말씀하시는 것을 들으니 저도 그런 면이 있어요. 남자가 기본적으로 일을 해야 하고 경제적으로 부양을 해야 한다고 생각하는 듯해요.

전: 일과 관련해서 또 뭐가 있을까?

문: 저도 강빈과 중기님과 의견과 동일해요. 사람 개인마다 행복의 차이지 성별에 따른 차이라고 단정하기에 너무 일반화가 되는 거라고 생각하고요. 남성과 여성의 차별점이라기보다는 남성이 행복하지 않은 조건으로 군대 가는 것이 있다고 생각합니다. 저 같은 경우에는 고등학교 때는 취업을 빨리하고 싶었습니다. 어쩌다 보니 대학에 왔는데 군대에 대한 고민을 똑같이 하게 되었는데요. 어떤 분이 군대를 면제받았는데 이때 느낀 점이 확실히 달랐습니다. 2년 동안 군복무를 해야 한다는 걱정과 시간의 아까움이 있었는데 이게 해소가 되다 보니 이 시간을 잘 활용할 수 있겠다는 생각이 들었고요. 군대라는 것이 제 인생, 대학 생활, 20대에 대해서 불행이나 걸림돌이라고 생각했는데 문제가 해결되니 여학생들과 큰 차이가 없어졌어요. 여학생들은 2년이라는 시간을 아낀다고 생각했는데 남학생들은 2년이라는 시간을 버린다고 생각하거든요. 그렇기 때문에 남성과 여성의 행복에 대한 차이점보다는 남성의 행복을 없애는 불행이 군 입대라고 생각합니다.

전: 맞아. 많은 경우 젊은 시절이 아깝다라는 생각을 하는 것 같아. 2회기 동안 만났지만 사진도 주고 질문하면서 생각하는 과정이 꽤 오랫동안 지나온 것 같아요. 간단하게 느낀 점, 사진 찍고 질문지 받았을 때부터 지금 우리 이야기가 끝나는 시간까지 어떤 것을 느꼈는지 같이 좀 이야기를 나누어보고 마치려고 하는데 어땠어요? 김준?

김: 요즘 코로나 이후기도 하고 군대도 다녀온 이후이기도 하고 뭔가 생각해보는 것이 오랜만이네요. 행복이라는 것이 쉬우면서도 어려운데 행복이라는 것에 대해서 진지하게 생각해 볼 수 있어서 너무 좋았어요. 행복이라는 생

각에 대해 다른 분들의 생각을 들어보면서 그렇게 생각해 볼 수 있겠구나 하는 시간을 가질 수 있어서 좋았어요. 과제를 하면서 새로운 것에 도전을 해 보는 것, 사진 찍는 것도 그렇고 저에 대해서 기록하는 것들을 해 볼 수 있어 즐거웠습니다.

전: 뭔가 새로운 것을 하는 것이 즐거운 일이 되기도 했네. 강빈!

강: 저는 행복이라는 것 자체가 추상적이고 주관적인 거잖아요. 그렇다 보니 나는 어떤 때 행복을 느끼는지 어떤 조건이 있는지, '행복은 ~이다'라는 질문을 받았을 때 행복에 대해서 많이 생각해 보게 됐어요. 평소에는 생각해 보지 않는 것인데 추상적인 질문을 구체화하기 위해 많은 생각을 해 본 것 같아서 좋았습니다. 다른 분들은 행복에 대해서 어떻게 생각하는지 들어볼 수 있어 좋았어요. 사진을 찍으면서도 그때 좋았던 추억을 회상해 볼 수 있어 좋았고요. 최근 것 말고 그전 것을 보면서 이런 일이 있었지 하면서 생각할 수 있었다는 것에서 감사했습니다.

전: 내 생각의 거울이 되니까 그랬겠네요. 다음은?

문: 질문지를 받았을 때 조금 새롭다고 느꼈습니다. 평소 생각하지 못한 것을 생각할 수 있었고 행복이라는 것에 대해서 크게 생각하지 않았지만 어찌 보면 이 질문지를 통해서 행복에 대한 나의 생각과 연구 인터뷰를 하면서 다른 사람의 생각도 알 수 있어 좋았고요. 오늘 이렇게 끝나면서 느끼는 점은 앞으로도 행복에 대해서 생각해 봐야 나의 삶을 살 수 있지 않을까 생각했습니다.

전: 저는 추상적인 단어를 일상에서 아주 많이 쓰는 것이 어느 때부턴가 불편해졌거든요. '행복한 삶을 위해서 살아', '너는 행복해?'라는 질문있잖아요. 그런 질문을 하는 사람은 행복을 아는가? 하는 꼬인 생각이 들더라고요. 그래서 이 연구를 하게 되었거든요. '행복이 뭐지?' 어떤 생각을 해 보는 시간이 되었던 것 같아요.

이: 행복에 대해서 생각해 보면서 뭔가 거창한 것이 아니라 생각하기 나름이구나라고 느꼈어요. 아무렇지 않게 행동하던 일상들이 행복일 수 있겠구나

그런 생각을 했던 것 같아요. 그리고 다른 사람들의 의견을 들어보면서 이런 점에서도 행복을 느낄 수 있다는 것을 많이 느꼈고 나도 저렇게 한번 해볼까라는 생각이 들었어요.

전: 특히 무엇을 해 보고 싶은 것이 있어?

이: 학우님들 발표하는 내용을 보면서 내 친구들과 오랜만에 만나서 축구하면 좋을 것 같다는 생각을 하게 되었어요.

전: 나도 저런 것을 해 봐야지라는 생각도 드네. 또? 다른 분?

서: 사실 행복이라는 진지한 주제, 일상적인 주제로 또래분들과 이야기해 볼 기회가 없잖아요, 가벼운 이야기를 하지. 그런 이야기를 하면서 다른 사람들의 의견을 들을 수 있어서 좋았고 제 이야기를 할 수 있어서 좀 더 저에 대해서 잘 알게 된 것 같아요. 원래 행복에 대해서 잠정적으로 결론을 어느 정도 내고 있기는 했는데 사진을 찍거나 설명을 하면서 나는 이런 것에서 행복을 느끼는구나 그런 생각이 들었어요.

전: 이런 것을 하면 참여자에 따라서 받는 느낌이 다른 것 같은데 이번 팀에서는 굉장히 진지하게 질문에 답을 찾아준 것 같아요. 또 진지하게 사진을 골라준 것 같고 그런 면에서 고맙기도 하고 연구에 도움이 되겠다는 생각도 들고… 진지하게 참여해 준 것에 고맙게 생각되거든요. 감사합니다.

2) 탈북여성청년의 행복 개념

일시: 2021년 8월 17일 화요일

참가자: 김세한-김/ 최도연-최/ 이송정-이/ 송치희-송/

윤고운-윤(가명)

진행자: 전주람-전

글 구성(정리): 곽상인

전: 시작해 볼까요? 동의서를 올려주셨기 때문에 기록하면서 이야기를 나눌게요. 제가 2014년도부터 북한에서 오신 분들을 만났는데, 여기에서 일하는 것보다 북한에서 사는 것이 더 행복하다고 말씀을 하시더라고요. 몇몇 남성 여성분들이 그렇게 말씀을 해주셨어요. 분명 한국보다 북한이 환경적으로 열악할 것인데, 왜 그곳에서 살았던 것이 더 행복하실까 궁금했어요. 그 이유는 뭘까 하는 생각들이 있었어요. 마침 이 문제와 관련해 이재영 선생님과 연구를 하게 되었습니다. 일단 질문을 하면 여러분이 답변해 주시면 좋겠습니다. 북한은 '행복'이나 '인권'이라는 단어 자체를 생각해 본 적이 없다는 말씀을 많이 해주셨거든요. 실제로도 그런 것 같고. 고향에서 '행복' 이라는 단어를 사용해 본 적이 있는지, 고향에서 행복했던 적은 언제였는지 돌아가면서 이야기를 해주면 좋겠습니다. 일단 도연이부터 북한에서 행복이라는 단어를 들어봤는지, 사용한 적이 있는지, 언제 행복하다고 생각했었는지를 말해봅시다.

최: 저는 북한에서 행복이라는 단어를 딱히 사용해보거나 '행복하다'거나 "너는 행복하니?"라는 말을 나눠본 적이 없어요. 들어본 적도 없고 이야기해 본 적도 없던 것 같아요. 행복하다는 것 자체를 인식하지 않고 살았어요.

전: 들어본 적도 없고 이야기해본 적도 없고 인식 자체를 해본 적도 없고? 행복 이라는 단어는 남한에 와서 알게 되었겠네. 그럼 지금 생각해 봤을 때 내가 '진짜 행복했어'라고 회상되는 기억이 있을까?

최: 저는 학교 수업이 다 끝나면 집에 가서 밥을 먹고 나와 "누구야, 놀자"라고 말하면 문을 열고 "알았어" 하고 내려가서 놀았던 것이 기억나요. 엄마가 "도연아, 밥 먹자" 하면 그 소리에 맞추어서 "어!" 하고 들어가서 밥 먹고 쉬는 것이 좋았어요. 그때는 생각하지 못했지만 지금 생각하면 정말 행복한 순간인 거예요. 아침, 저녁은 항상 가족과 같이 먹고 잠자는 시간에는 다 같이 잠들고요. 지금은 그렇지 않잖아요. 방도 따로 있고 애들은 핸드폰을 하다가 잠들기도 하고 각자 따로 잠들잖아요. 북한에서는 다 같이 촛불 끄고 잠들고, 영화를 보게 되면 다 같이 옹기종기 모여서 보고, 이불 하나를 같이 깔고 자고. 이런 것이 행복 아닌가 싶어요.

전: 여기는 개인 생활이 많다면 그곳은 공동체적으로 움직이는 것들이 많이 있네. 남한의 1970~80년대도 그랬잖아. 그런 것들이 그리운 것도 있어?

최: 저는 그리워요. 그렇다고 그때가 더 좋았던 것은 아니에요. 행복했던 어린 추억이니까 좋았던 것 같다는 느낌이 드는 거예요. 그렇다고 지금이 삭막하다는 얘기는 아니에요.

전: 같이 이불 덮고 같이 밥 먹고 엄마가 "누구야, 들어와라" "밥 먹자"라고 하는 것이 어떤 이유에서 행복한 것 같아?

최: 지금은 친구를 만나도 핸드폰을 각자 하고, 각자 SNS를 하지만 그때는 오로지 친구들에게만 집중할 수밖에 없어서 그 시간을 순수하고 알차게 보냈던 것 같아요. 전화해서 "들어와라" 하는 것보다 고래고래 소리를 질러도 아무도 신경을 쓰지 않았으니까요. 그곳에서는 당연한 거잖아요. 그런 공동체적인 생활을 지금은 솔직히 못 하니까 그때가 좋았던 것 같아요.

전: 남한에서 충분히 할 수 있는 거잖아. 그런데 못 하는 이유가 있어?

최: 아침에는 엄마와 아빠의 출근 시간이 다르고, 저도 학교 가는 시간도 다르고, 저녁에는 퇴근 시간도 다르고, 저는 아르바이트까지 해야 하니까요. 그래서 이런 것 때문에 안 되는 것 같아요. 북한은 다 정해진 시간 내에 들어오고, 집에 안 들어가면 할 것도 없고, 다 같이 밥 먹고 외식문화도 잘 되어 있지도 않으니까 당연히 집에서 함께 먹죠. 지금은 할 수 있는 선택의 폭이 넓어졌고, 할 수 있는 것이 많아져서 더 잘 안 되는 것 같아요.

전: 환경적인 면이 영향을 많이 미치는 것 같다. 그러면 세한이는 어때? 고향에서 행복이라는 단어를 말하고 들어본 적이 있어?

김: 저는 가족이랑 같이 보낼 때 정도? 저희는 북에서도 가족들과 같이 시간을 보냈던 기억이 별로 없어요. 저는 항상 그런 생각을 했어요. 친구들 중에 못 사는 애들이 있어요. 그런데 그곳에서도 부모님들이랑 오붓하게 지낸단 말이에요. 그런 모습을 보면 행복해 보인다고 생각하는데, 저는 별로 그런 적이 없었어요.

전: 가족들이 같이 정겹게 이야기하고 모이는 것이 행복하다고 생각했었네. 그

런데 지금은 행복이라는 단어를 듣거나 말해 본 적은 없어?

김: 행복이라는 단어는 깊이 생각했던 단어는 아니에요. 서툴다고 해야 할까요? 가족들끼리도 사랑한다는 말을 쉽게 하지 않거니와 여기처럼 행복하다는 표현을 안 하는 것 같아요. 그래서 아마도 생각을 못 한 것이겠죠.

전: "너 요즘 행복하니?"라는 질문은 일상적이잖아. "너 요즘에 잘 지내?", "사는 것은 좋아?"라는 말을 일상에서 쓰지 않는다는 거지?

김: 네. 저희는 쓴 것 같지 않아요. "너 요즘 행복해?"라는 질문은 "요즘 어떻게 지내?"라는 문장 같아요.

전: 그래. 고운이는 어때?

윤: 저는 학교 가서 친구들이랑 놀고 수업하면서도 놀고 그런 것이 즐겁고 행복한 것이라기보다 수업 같이 안 듣고 같이 꽁냥꽁냥하고 해바라기씨 까먹고 수업 끝나면 집으로 오고 하던 것이 행복한 기억이에요.

전: 그게 학창 시절의 즐거운 추억이잖아. 그런 것들이 좋은 기억으로 남는다. 앞에서 선생님이 열심히 가르쳐 주시는데 딴짓하고 그림 그리고. 그런데 한국에 와서도 그러지 않았어? 고등학교 갔을 때?

윤: 애들이 수업에 집중하니까 딴짓은 못 하고, 1~2분 정도만 딴청을 피웠죠.

전: 그건 왜 바뀐 거야? 여기서는 왜 그렇게 열심히 공부하는 거야?

윤: 북에서는 공부에 대한 열정이 있기는 했는데, 여기서는 내가 잘 되어야 한다는 마음이 있어서 그래요. 그래서 더 그랬던 것 같고 서로가 라이벌로 느끼니까요.

전: 고향에서의 친구 관계가 여기에서는 다르게 느껴지나 보다.

윤: 네. 그래요. 행복한 것이 아니라 부러웠던 것 같아요. 방금 말했듯이 가족들이 함께 밥을 먹는 것 말했잖아요. 저는 일어나면 엄마가 없었고 잘 때도 엄마가 없었고요. 그래서 다른 집을 보면 부럽다고 생각했지, 불행했다고 생각하지는 않았어요.

전: 거기에서 행복이라는 단어를 생각해 본 적이 있어?

윤: 행복하다는 단어보다 '나는 괜찮다', '나는 즐겁다'를 많이 썼던 것 같아요.

전: 이해가 안 가는 것이 남한 동영상을 많이 보잖아. 사회주의 체제이기는 하지만 중국 것 빌려서 보는 것이 많이 있던데 그런 영상에서 "자기 행복해?" 이런 말이 많이 나오잖아.

윤: 아무리 봐도 밖에서는 그 말을 따라 할 수 없는 것이니까, 봤으면 거기에서 멈추어 버리니까, 따라 하면 잡혀가니까 그런 말을 하기가 어려워요. 말투나 그런 것들이 그래요. 영상 보고서 그냥 그 자리에 멈춰버려요. 거기에서 이런 단어를 쓰는구나, 가보지 못하는 여행을 TV로 보는 것 같아요.

전: 알기는 했네. 영상을 보면서 그런 단어가 있다는 것을.

윤: 네. 알고 있으니까 쓰기는 하지만 '행복하다'라는 단어보다는 '즐겁다'는 단어를 많이 썼어요. '지금 생활에 만족해', '불행해' 이런 것을 많이 썼지, '행복하다, 슬프다'는 말을 안 썼던 것 같아요.

전: 확실히 정서적인 표현을 쓰는 것이 억압된 측면이 있네. 행복은 영어 단어를 번역해서 쓴 것이기 때문에, 서구에서 온 단어라 암묵적으로 쓰지 못하게 했을 수도 있겠다. 그런 추측이 드네. 송정이는 어때?

이: 저는 어릴 때 이모와 이모부 손에서 자랐거든요. 제가 12살 때까지 이모부가 제 머리를 감겨주었어요. 자식한테도 그렇게 하기 힘들잖아요. 그래서 나한테도 특별한 아빠가 있다는 느낌이 들었어요. 그게 제일 행복했던 것 같아요. 가장 생각이 나요.

전: 그때는 혼자 머리를 감을 나이가 아니야?

이: 감을 수 있는데도 이모부가 해주셨어요.

전: 어떻게 보면 엄마 아빠보다 이모네가 키워주고 많이 돌봐주셨네. 그러면 행복이라는 단어를 인식했어?

이: 아니요. 전혀요. 저도 행복보다는 '즐겁다, 기뻤다' 같은 단어를 썼어요.

전: 일상에서도 많이 물어봐? 너 요즘 즐거워?라고. 즐거움이라는 용어는 일상에서 많이 썼었어?

이: 많이는 아니고 가끔씩 안부를 물을 때가 있어요. "야~너 요즘 즐겁냐?", "사는 것 괜찮냐?" 이 정도요.

전: 그렇구나. 그럼 치희는 행복이라는 단어를 들어봤는지, 행복했던 기억은 어떤 것들이 있는지 말해 줄래?

송: 행복했던 기억이라는 것이 저희 어머니가 "우리 딸 예쁘다"고 말해줄 때요. 그때가 제일 행복했던 것 같아요.

전: 어머니가? 치희는 몇 년도에 왔어?

송: 2019년도 왔어요.

전: 그럼 치희도 고향에 있을 때 행복이라는 단어를 알지는 못했어? 여기에서는 드라마도 그렇고, 일상에서도 그렇고, 행복이라는 단어를 많이 쓰지? 생소한 단어를 접했을 때 기분이 어땠어?

송: 접했을 때 '그게 행복이었구나'라는 것을 그냥 알고는 있었는데 안 썼어요.

전: 고향에서는 그 단어를 어떻게 알게 되었어?

송: 그냥 드라마 보면서 알게 되었어요.

전: 그런 것을 보면서 듣기는 했지만 일상에서 쓰지는 않았던 거네. 다섯 명이 비슷하네. 알기는 하지만 쓰지는 않았네. 그다음 두 번째, 남북한 비교를 해 보았을 때 수치를 매기자면 10점이 가장 행복한 것이고 0점이 행복하지 않은 것이라면 북한에서는 전체적으로 몇 점이고 남한에서는 몇 점인지 이야기를 해주면 좋겠는데 일단 고운이부터?

윤: 행복의 수치가 그곳과 여기가 다른 것이 아니라, 조건이 다른 것 같아요.

전: 그것을 설명해 줄 수 있어?

윤: 여기에서는 부모님과 가족이랑 함께 보낼 수 있는 것, 돈을 벌 수 있다는 것, 인권이 있어서 일하면 일하는 만큼 돈을 받을 수 있다는 것, 누군가에

게 무언가를 사줄 수 있다는 것이 행복이라 생각해요. 그런데 북에서는 다른 행복이 있어요. 아무것이 없어도 친구들과 강에 가서 놀고요. 여기에서는 수영을 하려면 돈을 내고 가야 하는데 그곳에서는 돈이 없어도 아무 강에 가서 수영할 수 있고 겨울에는 산에 가서 스키를 탈 수 있고요. 입장료를 내지 않아도 되고요.

전: 산에서 어떻게 스키를 타? 길을 다 닦아놨어?

윤: 산 올라가는 사람들이 있잖아요. 그 사람들이 계속 올라가다 보면 길이 만들어지는데 얼음 눈을 치우지는 않잖아요. 그 길마다 비닐을 하나 놓고 썰매를 탈 수 있어요.

전: 그런 것은 아주 자유롭구나.

윤: 네. 그런 것이 행복이라고 생각하니까 행복의 수치가 다른 것 같아요. 어떤 행복인지 정확하게 말해야 수치를 매길 수 있는 것 같아요.

전: 조건 자체가 다르다. 그러면 고향에서 행복의 삼각형을 만든다면, 세 가지 요소를 꼽는다면 무엇을 꼽고 싶어? 조건은 사람이 될 수도 있고 돈이 될 수도 있고 친구들과 놀 수도 있는 문화가 될 수 있고. 거기는 좀 다르잖아. 시설 이용하는 것도 다르고. 고향에서 행복의 삼각형을 만든다고 하면 어떤 요소를 넣고 싶어?

윤: 내 마음, 자유롭게 할 수 있는 것. 마음의 자유? 외적인 것이 아니라 내적으로 자유.

전: 체제는 억압적인 부분이 있어도 마음은 자유로웠다고 생각하는 거네. 또 두 가지는?

윤: 그게 다인 것 같아요. 사상에 어긋나지 않는 선에서 내 마음대로 할 수 있는 것.

전: 예전에 고운이가 이야기를 했던 것 같아. 공원에서 친구들과 춤추고 했던 것, 그런데 여기에서는 할 수가 없다는 것이잖아. 북에서는 체제가 억압되었지만 자유롭게 할 수 있는 일들이 있었던 것 같네. 여기서는 다 같이 나가

서 춤을 추지는 않지. 타인에 대한 인식을 더 많이 하니까. 여기에서 행복의
조건 3가지를 말한다면 뭐가 있을까?

윤: 북에서 성인이 되기 전에 내려와서 잘은 모르겠지만 '인권'이 있는 것 같아
요. 여기에서는 내가 돈을 벌어서 바라는 것을 할 수가 있고, 누군가에게 줄
수도 있잖아요. 고향에서는 내가 바라는 것이 있어도 간단한 일이라도 진
짜 하기 어렵고, 줄 수 있는 희망이 없다면 절망적이겠죠. 여기는 내가 힘만
있으면 인권이 있으니까, '내가 받았으면 줘야지'라는 것이 가능하니까 좋
은 것 같아요. 의지만 있으면 되니까요.

전: 여기는 일을 하면 정당한 보수를 받고 여력이 되는 만큼 일을 할 수 있고 어
떤 일이든지 간에 내가 번 돈을 쓸 수 있으니까. 내가 좋아하는 사람에게 사
주거나. 그런 것이 큰 행복이네. 또?

윤: 퇴근 시간이 있잖아요. 주말이 이틀이라 정말 좋아요.

전: 북한은 주말이라는 개념이 없더라.

윤: 있긴 해요. 근데 저희 엄마는 주말에 집에 있지 않았어요. 여기는 이틀인데
혹시 추가 근무를 하시면 못 보지만 그래도 내가 자기 전에는 엄마가 있다는
것이 행복이죠.

전: 여기는 출근해도 법정 공휴일이 있어서 거기에 맞게 생활을 할 수 있는데
거기도 주말 개념이 있지만 이곳만큼 빨간 공휴일을 챙기는 개념이 없다는
거지? 그렇게 이해를 하면 되나?

윤: 네.

전: 행복의 조건 중에 환경이나 제도에 바탕이 되어 주는 것이 있네. 또 있어?

윤: 인터넷이 잘 되는 것. 표현할 수 있는 만큼 할 수 있는 것. 행복하면 행복하
다고 이야기할 수 있고 내 마음을 마음대로 할 수 있다는 것. 싫으면 싫다,
좋으면 좋다.

전: 그런데 진짜 표현 이야기를 많이 하던데 거기는 많이 안 하나 봐.

윤: 왜 그런지는 잘 모르겠는데, 안 해도 안다고 생각하나 봐요. 그런 표현을 안 해도 싸운 적은 없었으니까요.

전: 표현이 자유로운 것이 행복의 조건이 될 수 있겠네.

윤: 네. 저도 예쁘다고 해 주고 타인이 나에게 예쁘다고 해 주면 기분이 좋으니까요.

전: 거기에서는 애들 만나면 주로 무슨 이야기를 해?

윤: "나 오늘 이거 샀다", "나 수영하러 가는데 수영 튜브 샀다"고 이야기하고, "그거 얼마인데?" 그런 이야기만 해요. "이거 사서 행복해?"라는 이야기는 하지 않아요.

전: 사실 위주로 말하는구나. 그럼 세한이는 어때? 고향에서 행복의 조건으로 무엇이 있는 것 같아?

김: 저녁에 자잖아요. 잘 때 엄마가 엉덩이를 토닥토닥해 줄 때가 있어요. 잠결이지만 엄마가 들어와서 두드려주는 것은 느끼잖아요. 그때 정말 행복해요.

전: 엄마가 애정표현을 해주셨네.

김: 저희 엄마가 애정표현을 진짜 못 해요. 이따금 그럴 때가 있어요.

전: 말로는 표현 안 했지만 행동으로 하셨네. 그래. 또 어떨 때 행복했어?

김: 집이 비었잖아요. 그러면 빈집에 들어가서 저희끼리 밥해 먹고 단속하는 한국드라마 틀어두고 문을 다 걸고 불빛이 새어나가면 안 되니까 창문을 다 가리고 친구들이랑 드라마 볼 때가 행복해요.

전: 원래 몰래 하는 것이 재미있잖아. 한국드라마가 정말 재미있었을 것 같아. 여기에서보다 더 재미있었을 것 같아.

김: 맞아요. 여기에서는 재미없어요.

전: 맞아. 상상만 해도 재미있는데 맛있는 것 해 먹으면서 걸릴까봐 조마조마 하면서. 또 언제가 행복했어?

김: 장마당 옆에 창고가 있는데 지나가다가 옷이 겁나 예쁘다고 생각했어요. 사고 싶지만 엄마가 사줄지 모르겠어요. 엄마에게 "진짜 예쁘다"고 했더니 "그럼 사라"고 흔쾌히 이야기를 해 줄 때, 내가 하고 싶다고 할 때 쉽게 "해!"라고 할 때 너무 행복해요.

전: 어머니가 여유가 있으시니까 사주실 수 있겠다. 뭔가 여기에서는 경험할 수 없는 것이 있네. 여기서는 어때?

김: 여기서는 가족이 흩어져서 있다가 같이 만나는 것이 행복이고, 지금은 성인이 되었으니까 내가 자유롭게 할 수 있잖아요. 하고 싶은 꿈이 생겼다는 것 정도가 행복해요.

전: 거기에서는 어떤 꿈을 꿔?

김: 딱히 꿈이 없었어요. 현모양처? 아니면 돈을 많이 벌어야겠다는 생각 정도요. 구체적으로 어떤 일을 하고 어떤 목표를 이루겠다는 것이 없었어요. 내가 진짜 무엇을 좋아하는지 여러 가지 생각하는 시간이 없었던 것 같아요.

전: 내 적성이 무엇이고 내 개성이 무엇인지 교육이나 기회 자체가 부재하다 보니까 자신이 앞으로 어떻게 살아야 하는지에 대한 고민을 할 시간이 없었네.

김: 맞아요. 그러니까 자기 자신에 대해서 많이 알아가는 과정이었던 것 같아요. 지금까지 이 사회에서 어떻게 잘 살아갈 것인지 생각을 많이 했던 것 같아요.

전: 어떤 면에서는 피곤할 수도 있겠다.

김: 조금 피곤해진 것 같아요. 그래도 예전에는 모르던 나의 모습을 찾아갈 수 있잖아요.

전: 또 송정이는? 고향에서 행복의 조건은 어떤 것이었어?

이: 제가 자라는 것을 봐주는 것? 금전적으로 안 해 줘도 나를 잘 챙겨줄 때.

전: 이모랑 이모부가? 돈이 행복의 조건은 아니고 나이가 어렸으니까 그런 것도 있겠지만 누군가 나를 잘 돌봐주고 머리도 감겨주고 사랑받고 있다고

느낄 때 행복하다고 생각하는 거네. 또 있어? 이것 말고?

이: 그것 이외에는 어떤 것을 말해야 할지 모르겠어요.

전: 나중에 생각나면 이야기해 줘. 남한에서는?

이: 남한에서는 내가 일을 하고 있을 때가 제일 행복한 것 같아요. 빚을 안 질 거라는 확신이 있으니까요. 돈이 없거나 쪼들릴 때, 금전적으로 불안하면 제일 불행해 보여요.

전: 돈이 없으면 살 수가 없잖아. 현재는 돈이 큰 의미를 차지하네. 고향에서는 돈을 벌 수 있지만 여기 한국과는 다르잖아. 돈을 못 받는 사람도 많고 월급이 없는 경우도 많고. 그리고 치희는 고향에서 어땠어? 어떨 때 행복했어? 고향에서 행복하다는 조건이 있을 때 어떤 것을 이야기하고 싶어?

송: 고향에서 한국영화 볼 때? 한국영화를 보면서 스릴을 느낄 때요. 〈상속자들〉이랑 많이 봤어요. 제목은 기억이 잘 안 나요. 문을 딱 걸고. 친구들과 같이 봤어요.

전: 여기 한국에서는 다 오픈이 되어 있으니까. 거기에서도 야동을 본다고 하더라고. 보는 애들은 없어?

송: 아니요. 보는 애들도 있어요.

전: 또 행복하거나 즐거웠다는 것이 있었어?

송: '백동구' 거리에서 잡는 사람들이 있거든요. 우리를 잡아봐라는 식으로 춤 추고 노래 부르고 해요.

전: 잘 이해가 안 되어서 그런데 그 사람이 누군데?

송: 단속하는 사람들이요.

전: 단속하는 사람들이랑 노는 거야?

송: 나 잡아봐라 하는 식으로.

전: 단속하는 사람들이랑 그렇게 돼? 아주 친한 사이여야 하지 않아?

송: 친한 것은 아니고요. 아! 내가 잡아야지 하면서도 달아나면 놓치고.

전: 다른 사람들도 경험했던 것이니?

송: 저희 친구들 30명 가까이 되었어요. 단속하는 사람들에게 장난을 치는 것도 재밌어요. 그러다 달리기 못하는 애들이 잡히면 혼나고 그래요.

전: 한국에서는 경찰이랑 '잡기 놀이' 했다가는 잡혀가는데. 여기에서는 맛볼수가 없는 놀이네. 도연이는 행복의 조건이 뭐야?

최: 저는 행복의 조건을 돈, 건강, 가족으로 구분해요. 저는 행복이 돈과 비례한다고 생각하지는 않지만 행복하기 위해서는 어느 정도의 금전이 필요하다고 생각하거든요. 북한에서의 좋은 추억이 있었던 것도 어느 정도 돈이 있었기 때문이에요. 가족들과 먹고 옷도 사려면 어느 정도의 돈이 필요해요. 북한에서는 여기만큼 의료기술이 발달되지 않았기 때문에 건강이 정말 중요하거든요. 여기에서는 아무것도 아닌 병에도 북한 사람들은 진짜 많이 죽거든요. 거기에서는 건강이 중요하다고 생각해요. 거기에서는 떨어져 있는 가족들이 정말 많거든요. 중국에 가 있을 수도 있고 한국에 와 있을 수도 있고 건강 문제로 돌아가신 분들도 많고 그러니까 가족이 다 같이 있다는 것은 행복한 일이라고 생각해서 이 세 가지가 아닐까 싶어요.

전: 거기 의료기관을 남한과 비교했을 때, 어느 수준으로 해당이 돼?

최: 비교도 안 된다고 생각하거든요. 여기 70~80년대 의료기술이 거기 기술 정도 되는 것 같아요. 병원이 제대로 되어 있지도 않고 엑스레이도 없다고 생각하시면 돼요. 거기에서는 감염으로도 많이 죽거든요. 걸리면 십중팔구는 죽는다고 보고요.

전: 내가 듣기로 감기 걸리면 장마당으로 가 약을 사서 병원으로 가져가면 그곳에서 주사를 놔준다고 하던데 맞아? 한국에서는 애기들이 먹는 약이랑 성인들이 먹는 약이 다른데, 그것을 보고 놀랐다고 하던데 사실이야? 거기에서는 감기에 걸리면 노인이고 아기고 간에 그냥 하나의 약으로 처방한다던데.

최: 그 뭐였지? 우리 많이 먹는 것 있잖아요. 흰 색깔? 타이레놀처럼 먹는 것?

그런 약이 있는데 아파도 먹고 병 걸려도 먹고 그랬던 것 같아요. 그게 아편이 들어 있어서 고통을 못 느끼게 해요. 타이레놀이랑 비슷해요.

전: 비상시에 먹나 보다. 북한에서 돈, 건강, 가족이 행복의 조건이라면 남한에서는?

최: 남한에서는 돈, 건강, 친구인 것 같아요. 거기에서는 친구들이 태어나서부터 아니면 초등학생 때부터 한 동네에서 같은 반으로 쭉 같이 생활하거든요. 거기에서는 당연히 같은 반이고 같이 학교 가고 하니까 친구에 대한 중요함을 잘 몰랐던 것 같거든요. 여기에서의 '왕따'라는 문화도 없다 보니까요. 그런데 여기에서는 친구가 없다는 것이 정말 큰 문제고 큰 불행이더라고요. 그래서 행복하려면 친구가 있어야 하지 않을까 싶어요.

전: 도연이에게 친구는 어떤 의미인 것 같아?

최: 지금의 친구는 제가 불행하지 않기 위해 필요한 존재 정도인 것 같아요. 북한에 있었을 때 이런 이야기도 많이 했었거든요. "너 죽으면 나도 죽는다"고 했거든요. 네가 죽으면 죽는다고 할 정도로 친구가 당연히 중요한 존재이기도 하고요. 이 친구랑 평생 같이한다고 생각하고 정말 잘 대해 주거든요. 그런데 지금은 학년이 바뀌면 친구가 바뀌고 하니까 그때만 친하게 지내는 것 같아요. 지금도 고등학교 때 단짝 친구가 되어서 연락하는 친구도 있지만 북한에 있을 때처럼 진심으로 대하게 되지는 않더라고요. 내 옆을 언제든 떠나도 괜찮을 정도고. 그 정도로 사귀게 되고 지금 내가 행복하려면 친구가 필요하니까 필요한 딱! 그 정도의 존재인 것 같아요.

전: 여기 친구는 거리감이 있어서 굳이 친구가 없어도 사는 데 지장이 없다는 것이네. 거기에서 진심으로 가깝게 느꼈던 친구들이 여기에서는 만족스럽지 않을 정도라는 거네. 그러면 그건 무엇 때문에 다를까?

최: 일단 북한은 한동네에서 자라요. 한국으로 온다거나 중국으로 간다거나 하지 않으면 그 동네에서 쭉 자라요. 대부분 같은 반 친구들이 중고등학교에 그대로 가요. 같은 반이에요. 어쩌다 다른 반이 되어도, 말하면 그 반으로 돌아갈 수 있어요. 모든 시절을 다 보내다 보니까 정말 중요한 존재가 되는

것 같아요. 여기는 학년이 바뀌면 바뀌고 이사도 가고 전학도 가고 하잖아요. 그런 것은 아무 일도 아니잖아요.

전: 거기는 이사도 전학도 없을 거고 선생님도 학년이 올라가도 다 똑같다고 하니까 환경에서 밀접하게 지낼 수밖에 없겠다.

최: 멀리에서 이사를 오지는 않고 가끔 집을 바꾼다거나 하는 정도인데, 저는 진짜 본 적이 없는 것 같아요. 군인 가족은 가끔 가요.

전: 군인 가족은 이동이 있네. 그러면 궁금한 것이 있는데 북한에서의 행복 조건이 돈, 건강, 가족이라고 했잖아. 가족이 중요하다고 했는데 여기에서는 가족이 빠졌잖아.

최: 아니요. 가족이에요. 건강 말고 가족이에요.

전: 돈, 가족, 친구. 그렇구나. 가족은 당연히 중요하고 친구구나. 돈은 어떤 의미야? 북한에서도 돈이 중요하고 여기도 중요한데 다른 것이 있어?

최: 아니요. 같은 의미예요. 행복하기 위해서는 어느 정도의 돈이 필요하다고 생각하거든요. 돈이 없으면 어쩌면 행복하지 않을 수 있어요.

전: 다 중요하다고 생각하네. 다음 질문으로 행복을 방해했던 것? 북한에서 내 행복을 방해했던 것이 어떤 것이 있는지 이야기를 해주면 좋겠는데 고운이 먼저 해볼까?

윤: 저는 금전 문제.

전: 고운이는 어떤 의미로 말한 거야?

윤: 돈에 찌들어 사는 것은 아닌데 돈을 벌려고 일하러 나가고 돈을 벌려고 하니까 몸이 아프면서도 나가야 하는 것. 여기서도 일하는 것은 똑같은데 먹고살기 위해서 나가는 것. 자유가 없는 것.

전: 나를 억제하고 통제하는 것들이 네 행복을 방해하는 요소들이었네.

윤: 네. 언니네가 한국에 있었는데 마음대로 전화를 했으면 좋겠는데. 그렇지 못하고 그런 것이.

전: 가족이나 친척이나 자유롭게 대화를 할 수 없으니까.

윤: 표현이 없는 것이 불행한 것 같아요. 보고 싶으면 전화해서 보고 싶다고 말해야 하는데 그것을 못 하는 것이 억압받는 느낌이에요. 내 마음을 표출하고 싶은데 못 하는 것? 그것이 불행이 아닐까 싶어요. 마음을 전달하지 못하는 것.

전: 그것은 환경적인 요소도 있을 것이고 문화적으로 관습적으로 내려오는 것 같기도 하고. 너무 답답할 것 같아. 자유롭지가 못하잖아. 그러면 뭐가 있을까? 네 행복을 방해했던 것? 여기는 멀티플렉스, 쇼핑몰, 백화점이 많잖아. 거기는 백화점이 있지만 여기 정도는 아닐 것이고, 장마당 정도? 환경이나 시설에서 오는 것들은 어때?

윤: 저는 언니들이나 친척들이 종종 필요한 것을 보내줘서 환경이 저를 억압하지는 않았어요.

전: 돈을 보내주는 친지가 있었으니까 고운이가 평양에도 가보고 그렇겠지. 북한에서 경제적 계층 수준은 중요한 것 같다. 돈이 있는지 없는지 내가 어느 정도 사는지가 중요하네.

윤: 요즘은 해외까지 갈 수 있어요. 돈만 있으면 나라에 어느 정도 돈을 주고 비자를 받을 수 있으니까요.

전: 그러면 고운이의 행복을 방해했던 요소는 뭐야? 고향에서?

윤: 나라의 체제? 저희 엄마가 단련대회에 들어가셨잖아요. 항상 김정은이나 김정일이나 99%의 잘못이 있다고 해도 1%의 양심만 있다면 용서해 준다고 했는데. 저희 엄마는 20년간 나라에 충성했는데, 그때 한 번 잘못한 것 가지고 그냥 들어갔어요. 나중에 엄마를 데려왔는데 엄마인지 알아보지 못했거든요.

전: 사회주의 체제가 그런 거잖아.

윤: 누군가를 알아볼 수 없을 정도로 엄마인지조차 알아볼 수 없을 정도니까.

전: 정당한 이유에서 감옥에 가는 것이 아니잖아. 그게 정당한 합리적인 이유

가 있다면 이해를 했을 텐데 국가에서 가라고 하니까 수동적으로 해야 하는 것이니까.

윤: 제일 억울한 것이 모든 것을 부모님이 다 잘못했다고 해도 김정일, 김정은이 신년사 때 그런 이야기를 했거든요. 새해의 시작으로 계획 같은 것을 말하잖아요. 99%의 잘못이 있어도 단 1%의 양심이 있으면 그 사람은 용서해 준다고 했거든요. 저희 어머니는 대회까지 갔다 왔거든요. 그런 사람을 그렇게 한 것이 너무 어이없어서. 거짓말하는 거잖아요. 그건 아니었던 것 같아요. 그래서 더 반항심을 느꼈죠.

전: 국가에 대한 반감이 많이 생길 수밖에 없겠다.

윤: 엄청 많이 생기죠.

전: 굳이 이 사회에 남아 있어야 할 이유를 찾지 못했겠네. 또 세한이는 어때? 고향에서 네 행복을 방해했던 것. 그런데 세한이는 내가 알기로는 여유가 있어서 그곳에서 늦잠도 잤던 생활을 한 것 같은데.

김: 맞아요. 자라면서 경제적으로 어려움은 못 느꼈어요. 경제적으로 잘 살려면 비법을 해야 하거든요. 비법을 하는 것을 알면서 지켜보다 창 쳐요.

전: 어? 창 친다?

김: 지켜보다가 막 집을 뒤지는 것을 창 친다고 해요. 항상 심장을 쪼이면서 살았던 것 같아요. 문을 두드리잖아요. 문 두드리는 소리를 들으면 심장이 쿵쿵 뛰어요.

전: 북한에서 잘 사는 사람들은 비법이 거의 필수적이라는 거네. 법적으로 해서는 돈을 벌 수가 없다는 이야기지? 불법으로 무언가 내가 해야 돈을 벌 수 있는 거네. 누가 문을 두드리니까 마음이 편할 날이 없었겠네. 돈에 여유가 있을지는 모르겠지만.

김: 언제 엄마가 무슨 일이 생길지 가족들이 언제 들어갈지 모르니까. 집에 들어가기 전에 항상 위아래에 사람이 있는지 없는지 확인을 해요. 만약에 누가 내 뒤에 달렸다 하면 저희 집 식구는 문을 두드릴 때 딱 한 번 두드리는

데 만약 쫓아오면 여러 번 두드려요. 그러면 집에서 아는 거죠. "나야"라고 해도 문을 여러 번 두드리면, 뒤에 누가 있다는 것을 아는 거죠.

전: 그런 것을 가족들과 많이 이야기하겠다.

김: 어렸을 때부터 그러다 보니 몸에 밴 거예요. 어렸을 때부터 정보부 사람들을 보면 심장이 벌렁거리고 그랬어요.

전: 심장이 떨려?

김: 네. 어릴 때는 그랬는데 크면서부터는 하나씩 알잖아요. 사회체제에 불만이 생기다 보니까. 보면 똑같은데 우리 집 식구들이 당한 것이 너무 많아서 그런가? 그래서 저는 보위부, 보안 사람들이 오면 혐오스럽고 그래요.

전: 가족이 당한 것이 있으니까 힘들지. 그런 것에 비하면 여기는 편하다?

김: 그런 것이 없어서 마음이 정말 편해요.

전: 여기에 정착한다고 돈이 필요하지만 감시하는 사람이 없으니까 일단 마음은 편하네. 또 치희는? 고향에서 네 행복을 방해했던 것들은 어떤 것이 있어?

송: 방해했던 것은 어깨에 별을 단 사람?

전: 누구? 보위부? 어깨에 별 단 사람? 그 사람이 치희의 행복을 방해했어?

송: 부모님이 여기에 오다 보니까 저희 집이 감시를 받고, 하물며 저희 집 음식물 쓰레기까지 뒤지면서 괴롭혔던 것 같아요. 과일을 뭐 먹었는지, 고기는 어떤 종류를 먹었는지 조사해요. 그걸 자기네가 직접 하지 않고 저희 집 옆에 사는 사람들을 시키거든요.

전: 친한 척하면서 뒤로 가서는 뒤지는 거야?

송: 아니요. 저희 집 음식물 쓰레기를 버리면 나가서 뒤져요. 너무 숨 막히고 그랬어요. 그래서 저희가 여기로 온 거예요. 하루에도 두세 번씩 집으로 오거든요. 집에 와서 엄마 있나? 가족이 다 있나? 외부인은 없나? 뭐 하는지 살펴요.

전: 살 수가 없었겠다. 빚 독촉을 받는 것처럼.

송: 정말 살 수가 없었어요. 그래서 엄마가 위원장 옷 뜯고 바지를 벗기고 그랬어요.

전: 21세기에 그렇게 하고 산다는 것이 이해가 안 된다. 너무나 처참하다. 송정이는?

이: 저는 없었어요. 너무 어릴 때 이곳에 와서 저의 행복을 방해했다고 생각한 것이 없었어요.

전: 송정이는 대체적으로 불편한 것을 많이 경험하지 않은 것 같아. 그건 집이 여유가 있어서 그런 거니? 아니면 감시를 덜 받아서?

이: 경제적인 부분은 잘 모르겠어요. 용돈을 받고 그래서요.

전: 아줌마들 이야기를 들어보면 강냉이 먹고 죽 먹고 그랬다고 하는데 먹는 것은 어려움이 없었구나.

이: 그런 건 없었어요. 아무리 잘못은 해도 밥은 먹였어요.

전: 먹을 것으로는 어려움이 없었고 경제적으로 어려움도 없었고 감시하고 그런 것은 없었나 보다.

이: 받았는지는 모르겠는데, 저는 몰라요.

전: 송정이는 평범하게 지냈네. 그럼 여기서는 어때? 행복을 이야기했을 때 어떤 이야기를 할 수 있을까?

이: 돈이요. 돈이 좀 없는 것. 신용카드를 쓰다 보니까.

전: 확실히 자본주의사회에서 살려면 돈이 필요하지.

이: 그런 것 같아요. 어릴 때는 부모님의 용돈으로 살았다면 그곳에서는 돈 벌 생각도 못 해 봤어요. 여기서는 제가 크다 보니 취업도 하고 돈도 벌어야 하니까요. 제 힘으로 돈을 벌 수 있다는 것이 큰 것 같아요. 나도 쓸 만한 사람이라는 표현이 좋아요.

전: 거기에서는 청소년이고 여기서는 청년이니까 스스로의 앞가림에 대한 부담이 있는 것 같네.

이: 내가 나를 책임지고 있는 것 같아서 든든해요.

전: 책임지고 있는 것이 좋아? 뭔가 내 앞길을 세우고 생각을 하고 목표를 세우는 것이 좋다는 거지? 그것이 행복하다는 거잖아. 그것이 과업으로 다가오면서도. 어떻게 보면 짐으로 여겨지면서 행복한 거네.

이: 네. 짐이라는 것은 알겠는데 앞으로는 더 힘들 것이고 이것보다도 더한 일이 있을 건데 이것을 이겨내지 못하면 다른 것도 이겨내지 못할 것 같다는 생각이 들어요. 그래서 모든 일이 긍정적으로 보여요. 그런 마인드로 살려고 노력해요.

전: 내가 이것을 이겨냈고 하나씩 해나가는 것이고 잘 수행하면 그다음도 잘되겠지라는 것은 목표가 생긴 것이라서 행복이 될 수도 있겠네.

이: 맞아요.

전: 거기에서는 목표나 꿈이 있었을까?

이: 딱히 없었어요.

전: 거기는 성분 위주로 직업도 배치되는 것이 있으니까. 물론 장사를 할 수는 있지만. 여기는 본인이 목표를 세우면 한계는 있을 수 있지만 내가 원하는 일을 할 수 있어. 어떻게 보면 인간에게 능동적인 것, 내가 하고 싶은 것을 할 수 있다는 것이 중요하네. 도연이는 북한에서 방해했던 것이 뭘까?

최: 저도 북한사회 체제인 것 같아요. 다른 분들이 이야기해준 것처럼 문 두드리는 것 때문에 여기에 와서도 2~3년까지 식은땀이 나고 그랬거든요. 집에 가끔씩 그런 것이 오거든요. 수색이라고 해야 하나? 집에 와서 다 뒤져요. 노트북이 있을 수도 있고 핸드폰이나 돈이 나올 수도 있고 뭐든 나오는 것을 빼앗아가려고 다 뒤져요. 그래서 저희는 돈을 타일 뒷면에 구멍을 뚫어서 넣어두었거든요. 수색하다가 그쪽 근처로 가면 심장이 넘어갈 것 같았고, 노트북을 옷장에 넣어두었다면 옷장을 여는 순간부터 식은땀이 나고

그랬어요. 그들이 발견할까 봐.

전: 하나하나 다 뒤져보는 거야?

최: 다 뒤져봐요. 하나하나 땔감까지 다 뒤져보고 단지도 다 뒤져보고. 그런 것
들이 행복을 방해했어요. 부모님이 교도소에 들어가 봤고 엄마가 들어갔다
가 나올 때마다 보이는 그런 것들. 들어가 있을 때의 심정들이 행복을 방해
하는 것 같아요.

전: 그렇지. 여기에서 태어났으면 상상할 수 없는 그런 것인데. 부부도 서로의
핸드폰을 열어보지 않는데. 남이 와서 내 옷장을 뒤진다? 너무 끔찍하다.
뭔가 사생활에 대한 침해가 너무 크다. 인권 침해잖아. 또 어떤 것을 이야기
할 수 있어?

최: 그런 사회적인 체제로 인해서 내가 누리지 못하는 것을 당연하게 여겨요.
거기에서는 유튜브를 본다거나 드라마를 본다거나 이런 것을 불법으로 정
해요. 그래서 죄를 지은 사람처럼 대해요. 다른 시에서 큰아빠가 온다거나
어떤 사람이 우리 집에 온다면 그것도 다 보고를 해야 하거든요. 인민반장
이라고 해서, 그 아파트를 책임지는 사람이 하나씩 있거든요. 그 사람에게
보고해야 하고 다 알려야 하고 모든 것이 보호받지 못하잖아요.

전: 사생활이 없네. 내가 어디에 가든 다 이야기를 해야 하고. 여기는 그런 생활
이 없잖아. 많이 편해졌어?

최: 그렇죠. 그런 면에서는 진짜 마음이 편해요. 누가 집을 수색하지 않을까 걱
정 없고, 잘못하지 않으면 엄마가 교도소에 끌려가지 않잖아요. 거기에서는
학교에서 집 쪽으로 갔을 때 사람들이 우리 집에 많이 몰려 있으면 보위부
가 왔다 갔나 싶어 너무 긴장을 했거든요. 그런데 여기는 그런 것들이 없으
니까.

전: 감시에서 해방되었다는 것이 참 큰 거야. 그러면 체제 말고 다른 것 있어?
네 행복을 방해했던 것? 거기에서 꿈이 없고 목표가 없다는 것, 미래의 직
업을 내가 원하는 대로 찾을 수 없다는 것이 행복을 방해하는 요소로 연결
이 될까?

최: 지금 생각해 보면 내가 꿈을 생각할 수도 없고 이런 것들이 행복하지 못하다고 생각하겠지만 그때에는 모두가 꿈을 꾼다는 것은 큰 것을 가지지 않았기 때문에 행복을 방해하지는 않았던 것 같아요. 여기에서는 미래를 많이 생각하잖아요. 거기에서는 미래보다 현재를 살았던 것 같아요.

전: 어떻게 보면 거기에서의 일상은 단순해 보여. 그래서 여기 온 분들 중에는 이곳 삶이 너무 복잡하대. 도연이는 어때? 대학도 다니고 영어도 해야 하고 직업도 찾아야 하고. 하는 것이 복잡하지 않아? 직접적으로 말하지는 않지만 암묵적으로 해야 할 것이 많으니까. 그래도 행복해? 대학 입시 면접을 보기도 했잖아. 많은 것을 해야 하잖아.

김: 앞으로 어떻게 될지가 궁금하잖아요. 내가 노력한 만큼 얻을 수 있다는 것에 기대감이 있어요.

전: 기대감이 있고 희망이 있으니까 당장에 해야 할 일이 많아도 행복하다고 이야기를 할 수 있는 거네. 고운이는 어때? 새벽까지 일하고 너무 바쁘잖아.

윤: 바쁜 것이 행복한 것 같아요. 바쁘지 않으면 잡생각을 하게 되고 내 삶이 폐쇄적으로 되는 것처럼 느껴져요. 내일 뭔가 할 수 없는 병에 걸린다면 좀 그렇잖아요. 이 상황을 최선으로 다하고 싶은 마음.

전: 그러면 고운아, 바쁜데 행복하다는 것을 어떻게 이해할 수 있어? 바쁘면 일상이 힘들지 않아? 힘들기도 하고 지치기도 하잖아.

윤: 그때는 가끔 지치기도 하지만 월급이 들어오면 내가 사고 싶은 것을 살 수 있고 보상이 따르니까 행복하지 않을까요? 그곳 학교에서는 수업을 듣고 열심히 청소해도 보상이 없잖아요. 여기서는 고등학교 다닐 때 환경 가꾸는 것을 했거든요. 그랬더니 상도 타고 보상이 따르니까 너무 좋았어요. 알바를 할 때 일을 꼼꼼하게 하니까 나에게 신입교육을 하도록 맡겼어요. 신입 애들을 나한테 붙여줄 때는 나를 믿은 것이고, 또 그것에 대한 보상을 해주니까요. 그런데 아무것도 안 하면 뭔가 피폐해지는 삶이 되고 보상도 따르지 않고, 그러면 내가 인정받을 길도 없어지겠죠. 불행은 아닌데 그런 삶이 싫어요.

전: 여기에서는 합리적인 보상이 따르네. 눈으로 보이는 경제적인 보상이건 사회적 인정이건 간에 나에게 주어진다는 것이 좋네. 행복을 어떤 단어로 비유할 수 있을까? 한 문장씩 해보면 좋을 것 같거든. 꽃에 비유할 수도 있고 어떤 단어도 좋거든. 고운이는 남한에 와서 몇 년 정도 살았지?

윤: 3년이요.

전: 고운이가 생각하는 현재의 행복은 무엇인 것 같아?

윤: 그것보다 행복을 무엇으로 표현하는지를 말한다면요. 행복은 '나' 같아요.

전: '나'라는 단어가 어떤 것일까?

윤: 내가 행복해지려고 노력하는 나. 나는 저것을 하면 행복할까? 저걸 해야지. 내가 노력하지 않으면 얻어지는 것이 하나도 없으니까. 사람도 그렇고 친구도 그렇고 돈도 그렇고 가족도 그렇고. 내가 어느 정도 노력이 있어야 가족과 트러블이 생기지 않고 돈도 벌 수 있고. 나의 노력? 이런 거요.

전: 내가 행복의 중심에 있네. 나라는 사람이. 그런데 고운이 같은 경우는 거기 고등학교에서는 공부도 잘했고 존재감이 있었잖아. 거기에서도 주체적으로 할 수 있는 일들이 많지 않았어?

윤: 공부를 잘하지는 못했는데, 집에서는 경제적으로 사는 여유가 있으니까 관심을 받았던 것 같아요. 애들은 돈 있으면 좋아하잖아요.

전: 고운이는 행복은 '나'라고 했고 세한이는 떠오르는 단어가 있어?

김: 어렵네요.

전: 그치? 지금 생각하는 행복이란 무엇인지 그것부터 이야기해볼까?

김: 지금 생각하는 행복이라면 여행을 가고 싶어요. 여기 와서는 압박감이 많은 것 같아요. 일에 대한 것을 잠시 동안 잊어버리고 떠날 수 있는 그런 시간이 필요한 것 같아요. 그런 시간이 제일 행복한 것이겠죠. 나를 편하게 해주는 것? 내가 좋아하는 것을 하는 것. 내가 좋으려고 하는 거잖아요. 내가 앞으로 행복하려고 하는 것인데 그 과정에서 지치고 힘드니까. 그 길을 가는 중에 충전도 하면서 가야 하니까.

전: '행복이란 뭐다'라고 한 개의 문장을 만들어 본다면?

김: 내가 좋아하는 것, 원하는 것, 할 수 있는 것을 하는 것.

전: 세한이도 행복의 중심에 '내'가 있네.

김: 아마 다른 사람도 그렇지 않나요? 행복이라면.

전: 어떤 아줌마분들은 행복은 '딸'이나 '가족'이라는 분들도 있더라고. 도연이는 어때?

최: 행복은 파도인 것 같아요. 파도는 잔잔한 파도도 있고 센 파도도 있잖아요. 행복은 가족과 함께하는 것도 있지만 가끔 '자격증을 땄다' 같은 성취감도 있잖아요. 행복한 감정을 느낄 수도 있잖아요. 가족끼리 지내는 것도 있지만 가끔 여행을 간다고 하면 내 마음의 큰 파도가 치는 것처럼 행복감이 훅 밀려와요. 가족과 매일 있는 일상보다 여행을 간다는 것은 더 큰 행복이 찾아오는 거잖아요. 잔잔한 행복과 큰 행복이 다가오는 것 같아서 파도 같아요.

전: 비유를 상상하면서 들었는데 일상이 잔잔한 파도라면 자격증이나 여행이 삶에 가져다주는 것도 있네. 지금 생각했을 때 행복은 어떤 것인 것 같아?

최: 지금 생각했을 때 행복은 대체적으로 행복하지만.

전: 행복해? 왜?

최: 저는 항상 행복했던 것 같아요. 행복은 또 여러 가지 요소가 있지만 본인이 생각하기 나름이라고 생각하거든요. 정말 사소한 것에서 행복을 찾을 수 있고 그것을 어떻게 생각하느냐에 따라 행복인지 불행인지 나뉜다고 생각하거든요. 예를 들면 나는 어릴 때 부모님이 한국에 와 있었기에 '나는 불행한 사람이다'라고 생각하기보다, 떨어졌던 적도 있지만 떨어짐을 통해서 나는 가족의 소중함도 알았고 지금은 함께 사니까 '너무 행복해'라고 생각할 수도 있잖아요. 행복은 본인이 생각하기 나름인 것 같아요. 저는 긍정적으로 생각하려고 노력하기 때문에 지금 행복하고요. 지금 행복한 것은 여러 가지가 있겠지만 월급? 월급이 들어올 때마다 뿌듯해요. 월급의 노예가

된 것 같기는 하지만 그것으로 부모님의 생일선물을 사드릴 수도 있어서 그게 행복한 것 같아요.

전: 그런데 매일 긍정적으로 생각할 수 있는 것은 아니잖아. 네가 너무 고생하는 것은 아니야? 여기에서 출발한 애들은 벌써 저기로 가 있는데 너무 늦은 것 아닌가?라는 생각도 들 것 같거든. 그런 부정적인 생각이 들 때 어떤 식으로 극복하는 편이야?

최: 여기 사는 사람들은 이곳 문화를 알기에 굳이 배우려고 노력을 안 하잖아요. 그런데 저희는 문화를 배우면서 얻는 것이 많다고 생각하거든요. 대학교도 솔직히 공부하는 것에 비해서 다들 잘 가고, 그런 혜택도 있고. 또 저는 거기에서 있었던 수업들도 좋았고—물론 여기에서 태어났으면 좋았겠지만— 거기에서 있었던 추억들, 친구들도 저에게는 소중한 추억이라고 생각하기 때문에 여기에서 불행하다는 생각은 안 했던 것 같아요. 간혹 여기 상황에 대입해서 내가 힘들게 벌 때, 화장실 청소를 할 때, 이렇게까지 내가 힘들게 일해서 돈을 벌어야 하나 생각할 수도 있지만요. 그 순간이 불행까지는 아니에요. 그 순간이 힘들다고 생각하지, 제 행복에 문제가 생겼다고 느끼지는 않아요.

전: 어떻게 보면 부정적인 생각이 몰려올 때 한국 정부에서 받은 혜택도 있고, 고향에서의 추억이나 친구들을 떠올리니까 행복하다고 느끼는구나. 고운이는 행복이란 무엇인 것 같아?

윤: 제가 행복한 거면 행복하고 불행하면 불행한 것이죠. 불행해봤던 경험도 나를 더욱 성장시켜 주기 때문에 행복은 아니지만 오히려 고맙죠. 더 성장할 수 있으니까 고마웠다 정도예요. 고통도 그렇고 누군가와 싸웠을 때도 '이 사람은 이런 마음인데 내가 오버했구나'라는 것을 알게 해줘서 고맙다, 이런 것?

전: 어떻게 보면 해석이 좋다. 내가 그 상황을 어떻게 해석하는지가 중요하네. 그런데 긍정적으로 생각할 수 있는 이유가 있어? 모든 사람이 긍정적으로 생각하는 것은 아닌 것 같은데.

윤: 긍정적으로 생각하지 않으니까 내가 낮아지는 느낌? 깊숙이 어디론가 들어가더라고요. 나 자신을 잃고 내가 누군지도 모르겠고 그런 것 같더라고요. 그래서 긍정적으로 생각하면 내 자존감을 높여줄 수 있는 것 같아요. 나는 이래서 못 해, 나는 이래서 불행해, 미안해, 그런 말을 많이 쓰니까 나라는 존재가 없어지는 것 같더라고요. 그다음부터는 이런 불행이 있어 고마웠어요.

전: 어떻게 보면 네 존재를 유지하고 찾으려고 이런저런 생각을 한 거네. 송정이는 행복이란 무엇인 것 같아? 한 문장으로 한다면?

이: 행복이란 음식?

전: 음식이 어떤 의미일까?

이: 먹으면서 스트레스를 푸는 편이라서 나에게 다 줄 수 있는 친구라고 생각해요. 예를 들어 제가 화가 나는 일 있어도 먹으면 풀리잖아요. 매운 것을 먹고 나면 풀리니까 맛있는 것을 보면 절로 웃음이 나오고. 친구랑 싸울 때도 "밥 먹을래?" 하면서 화해할 수 있는 것.

전: 현재의 행복은 뭐라고 정의할 수 있을까?

이: 나는 먹는 것이다.

전: 치희는? 행복이란 뭐다?

송: 행복이란 쇼핑이다.

전: 쇼핑할 때 뭐가 제일 좋아?

송: 예쁘게 입고 좋은 곳도 가니까요.

전: 예쁜 옷을 입는 것이 어떤 정서적 감정을 일으키는지.

송: 내가 제일 예쁘다? 그런데 시선을 받는 것은 좋아하지 않거든요. 내 만족이 중요해요. 놀러 갈 때는 야한 옷? 다 구멍이 난. 그냥 엄청 짧게 입어요. 팬티 라인이 보일 정도로. 고향에서는 무릎에서 10cm 더 올라가면 단속을 해서 잘 입지 못했어요.

전: 여기서는 원하는 짧은 옷을 입을 수 있어 행복하다. 또 있어?

송: 저 챙겨 입고 나가면 인형이라는 소리를 많이 들어요. 그럴 때마다 자신감이 생겨요. 그런데 화장을 지우면 못생겼는데. (웃음)

전: 치희가 옷에 대한 관심이 많고 예쁘게 입고 나가는 것을 좋아하고 그러네. 치희는 한국에 와서 전반적으로 만족스러워?

송: 영화를 마음 놓고 볼 수 있고 짧은 치마를 마음대로 입고 다닐 수 있다는 것을 제외하고는 별로 없어요.

전: 북한에서 치희의 점수와 남한에서 치희의 점수를 매긴다면 몇 점?

송: 북한에서 7점, 여기는 2점 정도요. 아직 정착이 안 되어서 그런가 봐요.

전: 무엇이 채워지면 점수가 올라갈 것 같아?

송: 뭐니 뭐니 해도 '머니'가 아닐까요? 그리고 가족이 화목하게 살면, 지금 상태라면 돈 없이도 행복하게 살 것 같아요. 저 혼자 내려왔는데, 가족에게 여기 오라고 하는데, 올 생각은 전혀 없으셔요.

전: 별로 오실 생각은 없으시구나. 또 어떤 것이 채워지면?

송: 친구들이 많으면? 학교 다니면서 친구들이 많이 없어요. 송정 언니가 제일 친한 친구예요. 같은 반이고 기숙사에서도 같은 방을 썼어요. 그리고 언니가 잘 해줘요.

전: 그렇구나. 이제 정리를 해볼까? 행복의 점수를 1점 정도 올리려면 무엇이 필요한가를 이야기하면 좋겠는데. 북한 고향에서는 10점에 몇 점? 남한에서는 10점에 몇 점? 비교해서 설명하고 그것에서 1점 점수를 올리기 위해서 누구와 어떻게 무엇을 혹은 겪고 있는 어떤 것이 바뀌면 1점이 올라가겠는지 이야기하면서 마무리하면 좋을 것 같아. 고운이부터 해볼까?

윤: 북에서는 8점, 남한에서는 9점 정도요.

전: 1점이 모자라네. 1점을 올리기 위해서 어떤 것을 하면 올릴 수 있을까?

윤: 가족 친척들이 행복한 것. 오해 없이 다툼 없이 그냥 행복한 것. 그것 때문

에 1점이 모자란 것 같아요.

전: 또, 세한이?

김: 북한에서는 7점, 남한에서는 10점인 것 같아요.

전: 더 올릴 것이 없네. 만족스럽구나. 도연이는?

최: 북한에서는 8점, 여기서는 9점.

전: 1점을 올리기 위해서는 뭐가 필요해?

최: 저는 건강? 부모님의 건강요. 엄마가 큰 병이 있는 것은 아닌데 자주 아파 서 길 가다가 쓰러지고 그래요. 저번에 119도 부르고 했거든요. 그래서 그 런 부분만 괜찮으면 좋을 것 같아요.

전: 엄마의 건강이 더 좋아지면 좋겠다. 송정이는?

이: 북한에서 10점이라면 여기서도 별로 차이가 없어요. 가끔 힘든데 그것은 저의 의지력이나 정신력이 약해서 그런 거거든요.

전: 송정이는 전체적으로 만족도가 높다.

이: 네. 한국에 살면서 불편함이 없어요.

전: 네가 사회적으로 원만하게 잘 지내는 것이 있나 보다. 그러면 송정이는 체 제를 떠나서 만족스러운 삶을 살 수 있는 이유가 있어? 특별한 노하우 같은 것?

이: '누구 때문에, 무엇 때문에 행복하지 못해'라는 것은 내 잘못을 인정하기 싫 고 남 탓하기 위해서라고 생각하거든요. 남 탓이라도 해서 자기가 편하자 고 하는 것 같아요. 저는 그런 것이 싫어요. 내 잘못이죠. 실수를 하면 다시 는 그런 실수를 안 할 수 있는 기회가 생긴 거잖아요. 생각해 보면 힘든 것 이 아니에요.

전: 남을 비판하고 싫어하기보다는 두루두루 원만하게 지내려고 노력하는구 나. 어떻게 하면 그렇게 할 수 있어?

이: 그냥 많은 아픔을 가진 사람을 보다 보면 내 고통은 아무것도 아니구나라고 느끼게 돼요. 제가 상담을 해준 적도 있고 그랬거든요. 상담하다 보니 제가 힘들어하는 것은 아무것도 아니더라고요.

전: 그렇구나. 오늘 너무 재미있게 이야기를 잘 해줘서 연구에 도움이 되고 나도 많이 배운 것 같아. 행복이라는 단어를 진지하게 고민하게 되는 기회가 없잖아. 진지하게 해봤는데 어땠는지 간단하게 느낌을 나누고 끝내면 좋을 것 같아. 세한이부터.

김: 여기 한국에서는 표현의 자유가 있다고 하잖아요. 그렇다고 해도 저는 표현을 잘 못하는 편이고요. 행복이라는 단어에 대해서 생각할 시간이 없었던 것 같아요. 북한에서 '언제 행복했지?' 하고 생각하게 되어서 좋았던 시간이었어요.

최: 저도 행복하다는 생각은 하고 있었지만 굳이 행복에 대해서 내가 언제 행복하고 내 행복이 어떤 요소가 있다는 것까지는 생각을 못 해봤어요. 특히 북한에 있었을 때 내가 언제 행복했고 어떤 것들이 나에게 행복감을 안겨주었는지 진짜 한 번도 생각하지 못했는데 오늘 이야기를 해서 좋았고요. 다른 친구들의 북한 이야기를 들으니 더 재미있었어요.

윤: 저도 저를 돌아보는 시간? 저는 몇 년 전부터는 오늘 이 일이 있었으면 바로 잊고, 내일 다시 시작하겠다는 마음을 먹어요. 그래서 뒤를 돌아보면서 후회하고 머물러 있었던 적이 없었거든요. 오늘의 이런 시간을 통해서 나를 다시 보게 된 것 같아 즐거웠어요. 가끔 그러잖아요. 말로만 행복하다고 하지 진짜로 행복한지는 모르겠다고. 그런데 얘기를 하다 보니 '내가 행복했구나'라는 생각이 들어요. 이렇게 같이 얘기하니까 기억이 나고 재미있었어요.

이: 어렸을 때 저는 항상 행복할 줄 알았거든요. 힘들기도 했지만 그 순간만 지나면 행복해서, 뭐가 행복한 것인지 짚기가 어려웠어요. 그래도 얘기하니까 좋았어요.

송: 서로 북한에서 있었던 일을 이야기하다 보니, 그때 기억이 되살아나서 행

복했어요.

전: 잠깐이나마 행복을 느꼈다니 좋네. 모두 고마웠어요.

제2장 탈북청년들이 선호하는 부모 스타일

탈북청년들은 어떤 부모를 원할까?

이 연구에 참여한 연구참여자들은 2014-2021년 탈북한 자들이며, 16-22세에 속한 자들이다.

참가자: 박홍청-청/ 계월향-향/ 오지예-예/ 양일봄-봄/
기동천-천/ 이상천-천2
진행자: 전주람-전
글 구성(정리): 곽상인

전: 북한에서 오신 분들과 얘기를 나누다 보면 그쪽에서 지내실 때 가정 내 폭력이 많았다고 들었어요. 그래서 저는 남한과 북한의 양육 환경이 다른지 궁금했었어요. 이 문제에 대해서 탐색해 보고자 합니다. 그럼 지예가 먼저 얘기해 볼까요? 이모네서 살기도 했었죠?

예: 이모가 애지중지 키웠어요. 저는 여러 가지 좋았어요. 과잉보호라고 해야 하나? 아껴주고 키워주셨어요. 이모가 저 어릴 때부터 키워주셨어요. 거의 태어나서부터 키워주셨어요. 예컨대 제가 다치거나 아프잖아요. 그럼 자신이 더 아파해 주고 울어주고 그러셨어요.

전: 그럼 북한에는 과잉보호하는 경우가 많아요?

예: 잘 모르겠어요. 다른 분들은 "애들은 다치면서 큰다"고 말하잖아요. 그런데 이모부는 건강 음식을 많이 해주셨어요. 뱀 같은 거요. 저 뱀 공포증 있거든요. 근데 뱀이 몸에 좋다고 먹여주고 했어요. 아기 탯줄 있잖아요? 그거도 막 먹였어요. 그냥 불 끄고 일부러 입안에 넣고 삼키게 했어요. 그러고 용돈 주고요. 중국에서 따로 샀다고 그랬어요.

전: 일부 연구 결과지만, 과잉보호 받아서 자란 경우 학교 규율을 지키는 것을 힘들어한다는 보고가 있거든요. 스스로 평가할 때는 어때요?

예: 저도 그렇게 자랐으니까 '다른 사람한테도 배려해주자' 이런 마음이 큰 거 같아요. 늘 "도와줘야 한다" 그런 말씀을 많이 해주셔서 그래요. 베풀고 살라고 했어요.

전: 그럼 객관적으로 봤을 때 양육 방식이 바람직한 거 같아요?

예: 저한테 큰 도움이 되었던 거 같아요. 그 계기로 제가 클 수 있지 않나 싶어요.

천: 저는 아빠 엄마 품속에서 쭉 자라왔거든요. 그 속에는 다른 문제도 있었지만. 집안에서 가장이라고 하잖아요. 가장의 마인드가 가장 중요한 거 같아요. 친구들한테 많이 들어보면 "아빠한테 맞았다", "싸대기 한 대 맞은 게 아니라 채찍으로 종아리 맞았다" 그래요. 그런 폭행들이 많다고 들었거든요. 그런데 저희 부모님은 손을 안 댔어요. 그냥 말로 했어요. 이것을 왜 하지 말아야 하는지 설득시켰다고 할까요. 그래서 하지 말라고 하는 것은 안하게 되더라고요. 근데 어떤 부모들은 "귀한 자식은 매로 다스려야 한다"고 그랬어요. 그 경우와 비교해 보니까 우리 부모님이 존경스러웠어요. 자식은 저와 누나 1명인데, 저는 절대 맞아본 적이 없어요. 그러면서 신뢰가 쌓였어요. 저는 때리는 부모가 이해 안 돼요. 왜 굳이 매로 교양하려고 하나 그런 생각을 많이 해요. 근데 보면 어린 시절에 북한은 유교사상이 있어요. 그러다 보니까 내 자식이 밖에서 맞고 들어왔다고 하면 가문이 망가진다고 생각해요. 그러니까 "나가서 너도 때려" 이렇게 가르쳐요. 그리고 뭐랄까 '남자라면 강하게 키워야 해' 그런 인식이 있어요. 여자는 괜찮지만. 그러니까 싸움하면 무조건 때려야 한다, 맞으면 집에 들어오지 말라고 해요. 어머니는 제가 해달란 거 다 해줬어요. 잘 살았어요. 자식 농사가 가장 힘들다고

하잖아요.

전: 경제적으로 어렵지 않고 여유 있게 살았네요. 그런 집안에서 성장한 게 어떤 영향을 미치는 거 같아요?

천: '어! 나랑 다르네'라는 느낌을 받아요. 저는 부모님의 좋은 영향을 많이 받았어요. 근데 옆에 어떤 사람이 있는데 부모에 대한 안 좋은 거, 특히 강박관념이 있어요. 그런 사람하고 대화를 하다 보면 뭔가 강해요. 말하는 것부터 들어보면 '내가 이겨야 되고 지면 안 되고' 그런 성향이 있더라고요. 지면 바닥으로 떨어지는 느낌이랄까요. 예를 든다면 게임 같은 거 할 때, 거기서 지면 수치감을 많이 가지는 거 같아요. 저는 잘하면 좋은데 졌다고 해서 제 자신이 달라지는 건 아니잖아요. 사고 수준이 다르다고 볼 수 있죠.

향: 저희 아버지는 말로 하시다가도 제가 인정하지 않으면 벌을 주시기도 했어요. 세게 때리진 않고요. 저는 아빠가 저를 많이 싫어하는 줄 알았어요. 근데 때리고 나서 또 울어요. 저 잘 때 몰래 우시거든요. 소리 없이. 저희 아버지는 "니가 잘못한 거 없으면 다른 사람한테 맞지 말라", "누가 너한테 심심풀이로 때리고 화풀이하면 맞아주지 말라"고 가르쳐줬어요. 그리고 북한에서는 '어른이 말한 건 그대로 하라'는 게 많아요. 저는 아빠하고도 컸지만 큰고모네서도 자랐고 작은고모네서도 자랐어요. 환경도 그 사람의 사고방식에 따라 영향을 많이 받아요. 저희 아빠는 '칼날 위에서도 거짓말은 하지 말라'고 하거든요. 그리고 제가 잘못한 건 인정하라고 그랬어요. 그런 거 많이 가르쳐주셨어요. 아버지의 그런 점이 많이 존경스러워요. 고모네서 살 때는 농사를 지었는데, 우리도 먹을 게 없는데 입이 하나 늘었다고 하면서 때리고 그랬어요.

전: 근데 아까 아버지가 때리기도 했는데 그럼에도 불구하고 존경스럽다고 했거든요. 그건 어떤 이유일까요?

향: 아버지는 제가 인정을 안 하면 혼내시거든요. "팔 들고 서 있어. 네가 잘못한 거 생각해 봐" 그래요. 그 담에는 거꾸로 세우시고. 단계가 있어요. 자주 때리진 않는데 쌓이면 폭발해요. 인정 안 하면 단계가 높아져요. 그래서 그땐 아빠가 나 싫어하나 보다 그랬는데. 어느 날 겁이 나서 자는 척했는데 얼

굴에 아빠 눈물이 떨어졌어요. 아빠가 손찌검한 자리라고 해야 하나. 너무 세게 때려 미안하다고 하더라고요. 그렇게 우신 뒤로 안 때렸고요. 엄마 없어진 다음부터 되도록 말로 하셨어요.

천2: 저는 어렸을 때부터 부모와 헤어졌어요. 아빠가 7살 때 한국에 먼저 오셨어요. 그래서 아빠 없이 거의 자랐다고 봐야죠. 엄마랑 형 1명 있어요. 형이 9살 많아요. 엄마는 몸이 많이 아팠어요. 사람이 아프면 짜증도 많이 나고 하잖아요. 아빠가 없으니까 엄마한테 자주 욕을 먹고 매를 맞기도 하고 그런 거 같아요. 형이 가장처럼 했어요. 웬만해서 때리진 않고요. 솔직히 엄마보다 형이 더 잘 챙겨주고 그랬어요. 형이 나서서 다 하고 그랬어요. 엄마도 아프다 보니까. 엄마는 2018년 너무 아파 돌아가셨고요. 형은 북에 아직 남아 있어요. 현재 아빠하고 같이 살고 있어요. 형은 제가 오기 전 결혼해서 애기도 있어요. 지금 오고 싶어도 코로나 때문에 못 와요. 코로나 멈추면 올 거 같긴 해요. 지금 고3 과정이에요.

봄: 저는 북한에서 아빠, 엄마, 동생, 저 이렇게 살았어요. 저희 어머니가 좀 엄해요. 근데 일단 뭐랄까, 엄하긴 해도 저한테는 엄하게 안 대했어요. 성격이 좋다가도 안 좋은 편이고. 사람들은 성격이 되게 좋은 걸로 보거든요. 그런데 한 번씩 욕해요. 제가 15살 때부터는 욕을 안 먹었어요. 제가 한번은 집을 나갔다 한 달 만에 왔어요. 놀러 나갔다가. 그때 진짜 엄하게 욕먹은 적 있어요. 친구들하고 놀러 갔다고. 저도 한 달이 어떻게 지났는지 생각도 안 나고 그래요. 부모님은 그때 근심 속에 살았죠.

전: 한 달 동안 딸이 나갔으니 얼마나 애가 타셨을까.

청: 저의 경우는 엄하기도 하고, 안 그러실 때는 친구처럼 재밌게 놀아주시고 그래요. 때리는 건 없었어요. 지금 나온 거 여러 개 다 합쳐진 거 같아요. 다양한 모습을 보이신 거 같아요.

전: 좀 아쉬운 거 있을까요? '우리 부모님이 이러셨으면 내가 더 좋았을 텐데' 이런 게 있을까요?

청: 저는 대체로 부모님이 잘 해주셔서 아쉽다는 감정은 없었던 거 같아요. 충

분히 잘 해주셨던 거 같아요.

향: 저도 아쉬운 건 없어요. 왜냐면 제가 잘못해서 맞은 것 말고는 잘 해주셨거든요. 놀아도 주시고 옛날얘기도 해주시고 그랬거든요. 수학 같은 거 틀리면 아버지가 수학 잘 하셔서 틀린 이유 같은 거 알려주셨어요. 저는 학교를 7살에 갔거든요. 그때 "넌 8살짜리 애들이랑 같이 공부하는데, 이 정도면 잘한 거야"라고 많이 지지해 주셨어요.

천: 저도 아쉬운 점은 아빠가 자기 인생을 살았으면 좋겠다는 점 정도예요. 자식을 위해서 사셨거든요. 자기 꿈보다 자식을 잘 키워야 한다는 인식이 크다 보니까 아빠 인생을 못 산 거죠. 근데 그건 자식 입장에서 봤을 때 너무 아쉽다는 생각이 들죠. 떨어져 있으니까 자식의 도리도 못 할 것이라 더 아쉬운 거 같아요. 다 키워 놓으면 자식들이 잘 안 해주잖아요. 그럼 부모가 "널 어떻게 키웠는데 연락도 안 하냐?" 그러잖아요. "한 달에 한 번 왜 못 오냐. 난 널 위해 내 인생을 바쳤는데" 그러잖아요. 저는 부모라면 이기적인 면도 있어야 할 거 같아요. 자식이 못 해주는 게 있잖아요. 아빠의 꿈을 자식이 이뤄줄 수 없거든요. 아들이기 때문에 보이지 않게 잘 해주시는 게 있어요. 앞에서는 잘 안 해주는 거 같아요. 누나에게는 "우리 딸"이라고 하면서 잘 해줘요. 용돈도 주고 잘한다고 하고, 예쁘다고 하는 표현을 많이 해요. 근데 저한테는 안 그랬어요. "넌 왜 그러냐? 아빠처럼 돼야지. 아빠보다 더 훌륭해야지" 이런 게 있었어요. 그래서 부담감이 있었어요. 그래서 즐긴다기보다 잘 돼야 한다는 부담감이 더 컸던 거 같아요. 근데 나쁘지 않아요. 제 삶에 도움이 됐으니까요. 누나는 잘 됐어요. 근데 저는 학생이다 보니까 못 하잖아요. 아빠만큼 가야 하는데 그게 안 되는 거죠. 그러다 보니까 내가 힘든 거예요. 아버지가 개인사업을 하다 보니까 꿈이랄까요, 구상이 컸던 분이에요. 아들로서 부담감이 컸다고 봐야죠.

전: 사람마다 기대하는 바가 다르지요.

천: 그런 부모 많아요. 일찍 가르치는 부모. 저도 6살 때부터 수학을 배우고, 8살 때부터 피아노를 배우고 그랬어요. 여기로 치면 열성 극성인 엄마들 많아요.

천 2: 저 같은 경우에는 아빠랑 있을 시간이 없어 가지고요. 솔직히 저는 아빠 없이 살다 보니까, 맞으면서도 아빠가 있었으면 좋겠다는 마인드가 있었어요. 학교 다닐 때 아빠 없다고 하면 좀 그런 게 있어요. 때리는 아빠라도 있으면 좋겠다 싶었죠. 그러다 13년 만에 만났어요. 그런데 아빠랑 별로 말을 안 해요. 성격이 무뚝뚝한 게 있고요. 아빠 없이 성인이 되니까 아빠에 대한 좋은 마음도 별로 없죠. 좋은 감정도 별로 없는 건 맞죠. 그렇게 친하진 않아요. 그냥 밥 먹었어?라고 묻는 정도예요.

예: 그때는 철이 없어 그런지 모르겠는데요. 제가 친구 집에 가서 그 부모님들이 어떻게 대하는지 보잖아요. 그러면 이모가 저한테 얼마나 잘 챙겨주셨는지 알게 돼요. 친구들이랑 비교하면서 보니까. 엄마여도 이만큼은 못 해줬겠다 싶었어요. 이모와 이모부가 엄마, 아빠인 거죠. 농담도 하면 잘 받아주고 그래요. 근데 엄마는 안 그래요. 이모한테 아무개 씨 이러면서 통화하고 그러거든요. 엄마 아빠도 말이 잘 통하면 좋겠다 싶어요. 그렇게 바란다고 되는 건 아니니까 그냥 기대를 안 해요. 그럴 바에는 이모한테 의지를 많이 하는 게 있어요. 엄마는 전화하면 "왜 뭔 일인데?" 그래요. 그러면 대화가 딱 끊겨요. 대화하는 데 10초 이상을 넘기기가 어려워요. 그렇다고 부모님을 잘못 만났다는 것은 없어요. 이모랑 이모부 있으니까요.

전: 형제는요?

예: 남동생 3명 있어요. 남한에서 태어났어요.

향: 저는 속마음 얘기를 잘 안 해요. 엄마한테도 얘기 안 해요. 속마음 얘기하는 게 없어요. 그냥 담아두고 있어요. 그것도 내 감정의 하나니까 받아들이는 편이에요. '이것도 내가 느끼는 거지' 하면서 담아두는 편이에요. 그런 얘기해 봤자 얼굴만 붉힐 뿐이죠. 좋은 얘기만 해도 짧은데. 얘기해 봤는데 대화가 산으로 가요. 근데 이런 감정이 격해지는 날에는 우울해지고 왜 이렇게 살까, 내가 뭐 때문에 이렇게 살까 이런 생각도 들어요. 왜 태어났지? 하고 싶은 것도 없는데 왜 살지? 그럴 때도 있어요.

청: 저는 가족들과 지내고 있어요. 그런데 진로에 대해 얘기할 때 트러블이 있어요. 요즘엔 많이 누그러져서 응원을 해주기도 하세요. 언니가 대학생이

라 많이 챙겨줘요. 부모와의 관계가 예전보다 나아졌어요. 제가 진로를 정했는데 그게 부모님 마음에 드셨던 거죠.

전: 칭찬은 많이 해주셔요?

청: 칭찬 많이 해주시는 편이에요. 요리하면 잘했다고 칭찬해주고. 학원에서 점수가 오르면 맛있는 거 사주시기도 하고 그래요. 공부하고 있으면 오셔서 공부 잘 하라고 얘기해주기도 하세요. 칭찬 아낌없이 해주시는 편이에요. 특히 공부 면에서 칭찬 많이 해주세요.

전: 부모님께 바라는 게 있을까요?

청: 오버를 안 해주셨으면 해요. 칭찬 같은 거 너무 크게 해주시다 보니까 불편해요. 뭔가 그러면 부담스럽고 꺼림직하다고 해야 할까요. 너무 불편해요.

봄: 저는 부모님이 "우리 딸이 최고다"라고 말해 주세요. 속 썩이는 딸인데도요. 일단 바깥 나가서 놀아도 사고는 안 치거든요. 사고는 안 치는데, 그냥 제 맘 하나 잘 지키고 그렇거든요. 어디 잡혀 들어가고 그런 게 좀 있었다 뿐이죠. 어디 채비하고 나갈 때면 "우리 딸 최고다"라고 그래요. 어떻게 보면 그냥 제 편이에요. 근데 동생이 잘못하면 두드려 패고 그래요. 여자애인데도요. 저하고 성격이 달라서 착하거든요. 여기 말로 하면 좀 돌아이 같기는 해요. 근데 착해요. 한편으로는 교과서처럼 살아요.

전: 부모님이 자신에게 강요하는 가치관 같은 게 있어요?

봄: 우리 교양시킬 때 "집의 말을 어디 가서 하지 말라"고 해요. "가족끼리 있는 얘기를 친구든 누구한테든 하지 말라"고 해요. 그냥 그거 하나 강조하죠. "싸우지 말라"고 그러고. "집안 얘기 새면 좋지 않다"는 말도 해요. 북한 사람들이란 게 솔직히 입 때문에 말 듣는 소리가 많거든요. 예를 들어 "누가 중국에 갔다더라" 그런 거요. 그래서 "집안 얘기는 하지 마라" 그래요. 저도 놀러 다닐 뿐이지 집안 얘기를 하지는 않았어요. 교훈은 일단 여자는 집 청소를 잘하고 깨끗하면 된다고 강조했어요. 단정하게 해놓고 살라고요. 알뜰하게 하고 살라고요.

천: 저 같은 경우는 "가장에 대한 몫을 해야 한다"고 그랬어요. 남자니까, 구체

적으로 아빠는 아빠에 대한 몫을 해야 한다는 거예요. 자신의 역할을 하라는 거죠. 또 자식은 자식 역할을 잘해야 한다는 거죠. 가끔 "남자는 꿈이 있어야 한다"고 말해요. 꿈을 실현하기 위해서는 노력해야 한다는 말씀을 계속 했어요. 10살 때부터 계속 말해주셨어요. "그 나이에 꿈이 왜 없냐?" 이런 말을 많이 들었어요. 나는 누구이고, 왜 살아야 하고, 무엇을 위해 살아야 하고, 그리고 꿈을 위해 어떤 방향으로 살아야 하는지 되새긴 거 같아요. 13살 정도부터 생각했던 거 같아요. "남자는 남자답게 살아야 하고, 꿈이 없는 남자는 살 필요가 없다, 인생 한 번인데 네가 바라는 꿈을 생각하고 관리하면서 살라"고 했어요. 그냥 "물이 흘러가는 대로 살아가면 개나 돼지밖에 될 수 없다"고 했어요. 밥 먹을 때 아빠는 자신의 경험을 많이 얘기해줬어요. 그럼 난 이런 삶을 살아야겠다는 생각을 많이 했어요. 북한에서 집도 잘 살았고 풍요로웠는데, 여기 온 이유는 거기서 이룰 수 없는 자유랄까요. 그런 걸 이루고 싶어서였죠.

전: 여기 오면 다시 처음부터 시작해야 하는데 약간 두려움도 있지 않아요?

천: 어렸을 때부터 제 부모님은 좋은 걸 안 줬어요. 뭔가 낡은 거라든가 그런 걸 줬어요. 자전거도 "수리하면서 타봐라" 이런 식이었어요. 책도 사줄 수 있는 능력이 있지만 "너 스스로 해결하면서 나가는 방식이 도움이 된다"고 그랬어요. 여기 온 이유도 아빠가 강요해서 온 건 아니고 내 꿈을 이룰 수 있다는 욕구가 크다 보니까 두려움이 작아지는 거예요. 두려움이 없어지는 건 아니지만 꿈이 더 큰 거죠. 그러다 보니까 용기가 생기는 거예요. 사람들이 그래요. 잘 살았는데 굳이 왜 한국에 왔냐고요. 바닥부터 시작해도 잘 분발할 수 있다고 생각해요.

예: 저는 "거짓말하지 말고 도둑질하지 말라"고 배웠어요. 어릴 때 되게 정직했어요. 정직을 강조했어요. 그러니까 "장난으로도 거짓말은 하는 거 아니다"라고 하셨어요. 뭔가 거짓말하려고 하면 찔려요. 엄청 뭔가 손 떨거나 그래요. 거짓말하는 게 다 티가 난다고 하더라고요. 전 나름대로 잘했다고 생각하는데 떨려요.

향: 저도 아버지가 "거짓말하지 말고 정직하게 살라"고 했어요. 그담에 또 한

가지는 "잘 먹고 잘 살라"고 했어요. 아빠는 "너는 굶지 말고 남이 입던 옷 입지 말고 그렇게 살라"고 했어요. "누구한테도 기죽지 말고 하고 싶은 대로 하고 살라"고 했어요. 그게 좋기는 했지만 미안하기도 했어요. 저 때문에 힘든 일도 나가시고, 아름드리 큰 나무를 베다가 다치기도 하고 그러니까요. 나 때문에 다쳤나 그러기도 하고요. 근데 나도 우리 아빠가 어디 가서 기죽지 않고 사셨으면 좋겠거든요. 왜냐면 친척들이 잘 살아요. 근데 우리 집은 돈도 없고 그래요. 뭐라고 해야 되지? 좀 그런 게 있어요. 그럴 때 마음이 아파요. 돈이 없으니, 사람이 이렇게까지 되나 싶기도 하고요. 나도 이 다음에 돈 많이 생기면 아빠 굶지 않게 하고 싶고 그래요.

천 2: 제 경우에 교훈 같은 거라면, 형이 "성실하라"고 그래요. 지난 일은 후회하지 말라고 많이 했어요. 작은 거에 감사하며 사는 게 중요하다고 많이 했어요.

청: 저는 약간 공부를 해가지고 대학을 졸업해서 평범하게 살려고 해요. 그냥 좋은 대학 졸업해서 좋은 직업 갖고 사는 거요. 이름 있는 대학이요. 세계적인 뭐가 되겠다 그런 건 없어요.

전: 그러면 나중에 '저런 부모처럼 살아야지' 하는, 여러분이 원하는 부모 이미지가 있을까요?

청: 친구 같은 부모요. 구체적으로 우리 부모님 같은 부모요. 엄할 땐 엄하고 친구 같을 땐 친구같이 대해 주시는 부모가 좋아요. 조언도 해주시고 가르쳐 줄 수도 있는 부모님이요. 주변에 모델을 들라면 저희 부모님이에요.

예: 저도 친구 같은 부모님이 늘 필요했던 거 같아요. 구체적으로 일단은 뭐가 편하게 말할 수 있는 사람이요. 학교에서 무슨 일이 있었는지, 누구 만났는지 모두 말할 수 있는 부모님 말이에요. 근데 전 그건 이룬 거 같아요. 이모님이 해주고 계시니까요.

향: 저는 깔끔한 형태를 갖춘 부모님이 좋아요. 구체적으로 어머니 집에 장판이 있어요. 그것을 6번씩 닦거든요. 한 명이 들어왔다 나가도 닦고 그래요. 깔끔하신 거죠. 완전히 깔끔해요. 저는 어머니 절반도 못 따라가요. 아버지

는 다른 아빠들보다 깔끔해요. 밥이랑 해주고 그러세요. 국이랑 챙겨주고. 밥만 먹고 저는 방에 들어가 자거든요. 엄마는 열 시만 되면 꿈나라예요. 저희 엄마는 마트만 나갔다 와도 샤워하고, 사람들 만나서 동네 얘기하고 와도 샤워하고 그래요.

천: 이상적인 부모라면 저는 부모의 삶에 결과를 내는 사람이요. 예를 들면 '자식에 대한 꿈과 목표를 이뤄야 된다'는 말보다 행동으로 보여주는 부모요. 실천하는 부모. 그럼 자식이 그걸 보고 따라 할 수 있어요. 부모도 책을 안 보는데 자식들에게 보라고 하면 말이 안 되는 거잖아요. 부모가 먼저 책을 보면 옆에 와서 책을 보죠. 그런 부모가 제일 좋지 않을까 싶어요.

향: 저는 질문하고 대답하는 부모요. 자식에게 '이건 이거야'라고 가르치는 게 아니라 "무슨 생각이 들어?" 이렇게 물어보고 자식이 대답하면 수정해주고 가르쳐줄 건 가르쳐주는 부모님이요. 애한테 먼저 물어보고 느끼는 거에 대답해주는 부모면 좋겠어요. 근데 "꿈이 뭐야?" 이런 건 묻지 않을 거예요. 전 별로 하고 싶은 게 없거든요. 그래서 사람들이 그렇게 물으면 난감해요. 꼭 꿈이 있어서 사는 건 아니거든요. 지는 낙엽을 보면 그것 자체를 보고 살고 그럴 수 있는 건데, 일상이 즐거워 사는 건데 말예요. 목표라기보다 과정이 중요한 거거든요.

전: 맞아요. 나도 어렸을 때 꿈이 없는데 물어보면 부담스러웠죠.

천 2: 이상적인 부모 이미지라면 저는 자식한테 친절하게 잘 대해주는 부모요. 잘 해준다는 건, 올바른 길을 갈 수 있도록 말 한마디라도 도움이 되는 말을 해주는 것이 필요해요. 경제적인 것 말고요. 말 한 마디에 힘이 되는 게 중요해요.

청: 부모님이 자식을 제지하고 가르쳐주는 것도 필요하지만 내 편이 되어 주었으면 좋겠어요.

전: 부모로서 하면 안 되는 것은 무엇일까요?

예: 집착하는 거요. 핸드폰을 뒤진다든가 그런 거 있잖아요. 집착은 정말 자식에게 해서는 안 되는 행동 같아요.

향: 저는 엄마 아빠 나눠서 생각하기보다는 자식한테 따뜻하게 대해주는 부모면 좋겠어요. 그리고 엄마 아빠의 생각을 강요하지 않으면 좋겠어요. 저는 이 상황에서 배부르게 먹을 수 있고 여유롭지 않지만 집에서 마음껏 뭔가를 할 수 있는 게 좋아요. 근데 거기서 "더 하라"고 하고 "왜 욕심이 없냐?"고 하면 부담스러워요. 그럼 난처해요. 저는 지금 만족스럽고 좋아요. 돈이 많으면 행복할까요. 돈이 필요하긴 하지만 자기한테 필요한 거만 있으면 되지 않을까요. 저는 지금처럼 작은 집에서 살았으면 좋겠어요. "넌 지금 환경도 좋고 하니까 더 열심히 해. 난 가난했는데" 이런 말도 싫어요. "너 하고 싶은 거 해. 그게 행복하고 좋은 거야" 그냥 이런 말을 해주면 좋겠어요.

천: 전 보여줄 게 있는 부모가 좋아요. 결과가 있는 부모요. 어머님은 상담하면서 그 집안을 리드해주는 부모랄까요. 경제적인 것도 리드해주고 엄마가 아는 사업도 그렇고. 엄마의 힘이 없는 건 아니거든요. 가정사에 대해서 엄마의 힘이 적지 않거든요. 그거에 대해 한몫을 하는 엄마가 되면 좋겠어요. 아빠는 자식에게 존경받을 수 있는 아빠, 롤 모델이랄까요. 예컨대 제가 어렸을 때 고래가 보고 싶었어요. 흰수염고래 같은 거 있잖아요. 어떤 부모는 책으로 보여주겠죠. 근데 다른 부모는 고래를 보여주기 위해서 태평양을 배 타고 가요. 시간적 여유가 있는 부모, 경제적 여유가 있는 부모라 가능하겠죠. 그럼 자식이 그걸 보고 훌륭한 부모라 생각하겠죠. 다른 아빠랑 비교했을 때 "와, 우리 아빠 대단하네" 그럴 거잖아요. 자본주의는 뭐니 뭐니 한 게 돈이잖아요. 돈이 없으면 자식을 죽일 수 있는 거죠. 자식이 뇌종양에 걸렸어요. 한 10억이 필요해요. 근데 부모가 10억이 없어요. 그럼 자식이 죽어가는 거죠. 그걸 살려낼 수 있는 부모, 감당할 수 있는 부모가 훌륭한 거죠. 남보다 한 계단 높이 올라가 출발할 수 있다는 점에서 자식에게 도움이 되죠.

봄: 엄마는 자식 주눅 들지 않게 키우고요, 앞으로 살아갈 때 저희한테 필요한 거 가르쳐주면 돼요. 일단 저희 어머니가 강조한 게 "깔끔하게 살아라"는 거거든요. 근데 아직까지 깔끔하게 살지 못하고 있어요. 아버지가 저희를 낳아준 것만도 감사해요. 그리고 세상 밖으로 태어나게 해준 게 감사해요.

제3장 탈북청년들의 친구와 우정

탈북청년들에게 친구란 누구인가?

이 연구에 참여한 연구참여자들은 2014-2019년도에 탈북한 자들이다. 연령은 17-22세이며 고향은 모두 양강도이다.

일시: 2021년 9월 19일 일요일

참여: 정유화-유/ 유진성-진/ 전현정-현/ 고은지-은/
　　　최일구-일/ 김장호-장

진행자: 전주람-전

글 구성(정리): 곽상인

전: 친구와 우정에 대해 이야기해 봅시다. 뭔가 알다가도 모르고, 친하다가도 친하지 않을 때도 있는 사이? 한마디로 이야기하기에는 쉽지 않은 단어죠. 장호부터 이야기해 줄 수 있어?

장: 친구요. 뜻이 맞고 나랑 친하게 놀러 가면 그게 친구 아닐까요. 그냥 계속 친하진 않으니까 싸워도 이해할 수 있는 그런 거요.

전: 근데 좀 궁금한 게, 고향에서의 친구 관계랑 남한에서의 친구 관계랑 좀 달라? 어때? 어떤 사람들은 나에게 그렇게 말하더라고. "여기 사람들은 너무 정이 없다" 그런 이야기도 하거든. 그 부분에 대해선 어떻게 생각해?

장: 그냥 어떤 식으로 하고, 어떤 식으로 노는 행동만 다른 거지, 친구라는 의미는 다 똑같다고 생각해요.

전: 그럼 거기서 10대 때 주로 뭐 하면서 놀았어? 친구들이랑?

장: 핸드폰, 컴퓨터 이런 걸 잘 못하게 하니까 옛날 한국에서 하던 놀이 같은 거? 그런 거 하면서 놀죠.

전: 옛날에 주로 어떤 거 했어?

장: 숨바꼭질 같은 거요, 목마 타는 것도 하고. 몸으로 하는 거는 거의 다 했죠. 핸드폰을 잘 못하니까.

전: 몸으로 움직이고 뛰어놀고. 산에 썰매 타러 가고, 강에서 수영도 하고? 보통 자연에서 놀았고, 주로 몸으로 움직이는 걸 많이 했구나. 그러면 여기 와서 문화가 바뀌었잖아. 주로 여기 와서 핸드폰을 하고 애들끼리 PC방에 가고 하잖아. 그게 너한테는 어떻게 느껴졌어?

장: 저는 그것도 재밌다고 생각해요. 왜냐하면 안 해본 행동이기 때문에 그래요. 재미있었어요.

전: 근데 뭔가 '친구'를 떠올리면 정이 그립거나 그런 건 없었어?

장: 가끔 친구들끼리 핸드폰 없이 놀 때가 핸드폰 보고 게임하는 것보다 재미있구나라고 얘기해요. 아무래도 핸드폰 게임보다는 사람들끼리 하는 게임이 더 재미있으니까요. 게임 같은 거는 금방 질리거든요.

전: 현정이는 어땠어? 거기서 친구들이랑 주로 어떤 걸 하면서 놀았어?

현: 저는 주로 어죽 쑤러 가요. 물고기 잡아 가지고 쌀 같은 거 넣고 끓이는 거요. 그리고 줄넘기도 하면서 같이 놀았어요.

전: 어, 그래. 여기 와서 친구 관계가 좀 변하잖아. 환경도 변하고. 어떻게 느꼈어?

현: 여기 와서는 친구를 믿어도 될지 걱정 같은 게 좀 생긴 거 같아요. 의심 같은 거요. 제가 엄청 친하다고 생각했던 사람들이 저를 뒤에서 까고 다녀 가지고.

전: 그랬구나. 그러면 유화는? 북한에서의 친구 관계랑 여기서의 친구 관계랑 좀 다르니?

유: 여기서 관계는 그냥 만났을 때뿐이고, 친구 우정이라는 건 좀 먼 사이 같아요.

전: 내가 이런 이야기를 좀 들었거든. "여기 사람들은 형식적이고 의리가 없다" 그게 구체적으로 어떤 건지 자세히 설명해줄 수 있어?

유: 뭔가 한마디를 해도 "얘, 되게 가식적이다"라는 느낌이 들고 자기가 한 말에 책임을 안 져요. 앞에서 그냥 그 순간을 넘기기 위한 말 정도? 그러니까 서로가 가식적인 사이.

전: 근데 뭐가 다르길래 그렇게 느끼는 거야?

유: 첫째, 상황이라는 게 다 다르잖아요. 어떤 친구는 일하고, 어떤 친구는 공부하고, 이러니까 너무 바쁜 거예요.

전: 그건 북한도 똑같잖아.

유: 아니요. 제가 살던 데는 그냥 친구들하고 맨날 같이 있었어요. 그때 고등학생이어서 모르겠는데, 친구라면 진짜 처음에 말했다시피 '믿음이다'라고 생각했는데 여기 오니까 그냥 가식적이더라고요. 고향 친구들을 만나면 통하는 게 많아요.

전: 근데 또 어떤 여자분은 여기서 태어난 분들을 많이 만나고 싶어하더라. 그게 자리 잡기가 쉬워서 그런가 봐. 근데 그게 왜 그러는 것 같아? 뭐가 문제인 것 같아?

유: 그냥 경제가 너무 빡빡하니까 자기 것만 생각하고, 자기 것만 챙기고 그런 거죠. 그 방식에 너무 익숙한 나머지, 이제는 그렇게 된 것 같아요.

전: 그런데 좀 이해가 안 되는 게 북한도 바쁘잖아. 거기는 더 바쁘지 않아? 내가 듣기에는 나무를 때서 밥을 해야 하고, 여기보다 더 바쁘지 않아?

유: 저는 그런 경험을 못 해봐서요. 그리고 혜산에는 나무를 할 데도 없어요.

전: 현정아, 여기 유화가 한 이야기에 대해서 어떻게 생각해?

현: 살짝 공감돼요.

전: 나이에 따라 다르겠지. 은지는 어떻게 생각해? 유화가 가식적인 것에 대해 말했는데 은지는?

은: 가식적인 면이 한두 가지는 있는 것 같아요. "내가 얘한테 뭘 사줬어" 그러
면 다음 번에는 "네가 얘한테 꼭 사줘야 한다" 이런 거 있잖아요. 계산적이
고 그래요. 너무 그런 걸 많이 따져요. 그리고 약속 같은 걸 하고서도 뒤돌
아서면 "내가 언제? 내가 그랬어?"라고 그래요. 그런 애들도 있고 잘 지키
는 애들도 있지만 대부분은 뭔가 많이 따져요.

전: 근데 은지야, 고향에 있을 때 친구들은 그런 걸 안 따졌어?

은: 친구가 많이 있지는 않았는데 저는 고향에 있을 때는 좀 많이 가난했거든
요. 제 친구들은 그런 걸 안 따지거든요. 그냥 반가워서 사주는 건데, 여기
서는 "내가 사줬으니 너도 사줘야 해" 그런 게 있어요.

전: 거기서 은지가 만났던 친구들은 그냥 순수한 만남이라고 표현해도 되나?
계산하지 않고 그랬다는 거지? 친구들 관계에서.

은: 네. 저희는 좀 가난했어요. 다른 집은 나무를 사서 때지만, 저희는 직접 나
무를 베서 때고, 없으면 집 안의 이불도 막 가져다 때고 그랬거든요. 그러다
보니까 친구가 많이 있지도 않았고, 친구들이랑 놀 시간도 별로 없었어요.

전: 은지도 여기 와서 친구와 관계를 맺을 때 따지는 식으로 변했어? 어때?

은: 저는 원래 받은 대로 갚아주는 성격이어서 저한테 따지는 사람에게는 따지
고 그래요. 상대방이 나에게 어떻게 해주냐에 따라서 다른 모습을 갖게 됐
어요. 어떻게 되다 보니까 저 사람이 나에게 어떻게 대하냐에 따라서 나도
그 사람을 존경할지 말지 정하게 되는 것 같아요.

전: 최일구는 어때? 몇몇 친구들이 얘기해줬는데 어떻게 생각해?

일: 저는 사회가 사람을 그렇게 만드는 것 같아요. 북한에서는 없는 사람은 없
는 사람끼리 놀고, 있는 사람은 있는 사람끼리 놀거든요. 왜냐면 없는 친구
들이 돈 있는 사람들과 다닌 것은 제가 다니던 학교에서는 많이 보지 못했
어요. 저도 마찬가지로 저희 같은 경제 능력이 있는 친구랑 같이 놀았지, 되
게 없고 그런 애들이랑은 잘 안 놀았거든요.

전: 여기보다도 계층이 더 뚜렷하다.

일: 빈부격차가 좀 심하죠. 예전에는 부모님 덕으로 계산을 나누다 보니까 내가 좋아하는 사람을 사귈 수 있었는데, 여기 와 보니까 나도 바닥이라 친구도 별로 없고요. 북한 친구들과 여기 와서 만난 경우도 별로 없거든요. 그러니까 내가 바라는 친구가 없는 거예요. 근데 혼자 있으면 우울하고 그러니까 아무 친구나 만나야겠다는 생각이 들어요. 하지만 '내 마음을 터놓을 수 있는 친구가 없다'는 기준을 미리 정하고 친구를 사귀는 것 같아요. 그래서 앞에서 말한 분들처럼 가식적이다는 계산이 있기 때문에 선을 딱 끊고 친구를 만나지 않겠다는 생각도 하고 있습니다.

전: 우리도 미국으로 이민 가면 한국 사람끼리 뭉치잖아. 여기서는 북한에서 온 사람끼리 뭉치지 않아? 정보도 많잖아. 북한에서 온 사람들끼리 문화를 만들고 정보도 만들고 그럴 수 있다고 생각하거든. 그래서 오히려 더 뭉칠 수 있을 것 같거든. 근데 오히려 그게 아닐 수도 있겠는데?

일: 이게 문화와 사회가 다르잖아요. 자본주의랑 공산주의, 민주주의랑 사회주의. 우리도 돈이 중요한 걸 알아요. 근데 어떤 길을 선택하고 무엇을 해야 할지 모르잖아요. 그래서 마음이 막 외로워요. 외롭다 보니까 일시적인 만남을 계속 추구하는 거예요. 근데 만나는 친구들이 약간 배반하잖아요. 그러면 "어? 얘는 아니구나" 하고 다른 사람을 만나고 그래요. 근데 다 뿌리치면 나만 상처받으니까 마음을 여는 친구가 없는 거예요.

전: 오히려 내가 나를 보호하는 거네.

일: 네. 그리고 또 이게 다 정답은 아니지만 한국에 왔을 때 다른 점이 뭐냐면 "여기는 자본주의야. 공짜는 없어. 얘가 베풀면 나도 뭔가 해줘야 뭔가 의미가 있어"라는 인식이 있다 보니까 자본주의 쪽 생각을 많이 하는 것 같아요. 저희 고향에서는 친구가 핸드폰이 없어요. 그런데 다른 친구들은 핸드폰이 다 있어요. 그러면 서로 연락하기가 힘들잖아요. 그니까 "야, 우리 친구들 얼마씩 모아서 저 친구 핸드폰 사주자" 그런 게 있어요. 그러면 우정이 더 두터워지는데, 그런 '나눔' 같은 게 여기에서는 없어요. 여기 와서 환경이 바뀌다 보니까 혼란스럽고 그래요.

전: 친구한테 아낌없이 주는구나.

일: 왜냐면 같은 레벨이니까요.

전: 아, 그렇구나. 다 다르구나. 진성 어때요? 최일구가 경험을 이야기해줬는데 들어보니까 어때요? 보충해주고 싶은 거라든지 떠오르는 예시 같은 거 있을까?

진: 보충해주고 싶은 건 없는 것 같아요.

전: 그러면 진성이 생각은 어때요? 남북이 친구 면에서 어떻게 다른 것 같아?

진: 저는 북한 친구들보다 남한 친구들이 더 많아서 잘 모르겠어요. 저는 여기 친구들하고 더 잘 맞아요. 여기 애들하고 잘 맞았던 이유가 처음에는 안 맞았댔는데, 제가 아끼는 친구가 있다고 했잖아요. 그 친구 빼고 나머지는 안 믿었어요. 북한 애들이거나 남한 애들이거나 다 안 믿었어요. 왜냐면 남한 애들이 탈북자라는 이유로 저희한테 많이 욕을 했어요. 그래서 나는 남한 애들이 우리를 차별하고 우리를 '안 좋아하는구나'라고 생각했어요. 처음에 왔을 때 남한 애들이 입에 담지 못할 정도로 욕을 하는 거예요. 탈북자라는 이유로. 부모 욕도 하고 우리나라(북한)로 돌아가라는 욕도 했어요. 제일 처음에 방송 같은 거 했는데 그 방송에 들어와서 사람들이 "너 말투가 왜 그러냐?" 이러면서 "너 혹시 거기서 왔냐?" 하면서 "왜 우리 세금 처먹으면서 우리나라에 와 있냐? 너희 나라로 돌아가라"면서 부모 욕을 하는 거예요. 그래서 저는 한국 사람을 안 좋아했어요. 그런데 이제 학교를 조금 다니면서, 그리고 방송 좀 하면서 보니까 괜찮은 사람들이 있는 거예요. "저런 사람들 말 신경 쓰지 말라"고, "왜 너도 꼭 같은 사람이고 우리나라에 와서 같이 국민으로 같이 살고 있는데 왜 저런 말을 듣고 힘들어하냐?"고, "우리가 도와줄 거니 힘들어하지 말라"고. "우리 다 같이 친구로 지내면 되지 않냐" 하는 친구들도 있는 거예요. 그러면 나도 아직 남한에 대해 잘 모르니까 "우리 친구 하면서, 같이 이야기하면서 좀 친해지자"고 해서 남한 친구들 되게 많이 생겼어요. 근데 저도 북한에서는 친구가 별로 없었어요. 진짜 친한 친구가 한 명 있었는데 그 친구한테 뒤통수를 맞아 가지고. '베프' 같은 친군데 뒤통수를 맞고 나니까 또 내가 배신당할까 봐 친구 사귀기가 무서운 거예요. 그래서 한국에 올 때까지 그 친구를 제외하고 나머지 친구들

은 진짜 안 믿었댔어요. 남한에 와서 딱 한 명을 사귀었는데, 그 친구가 북한에 있던 제 친구랑 좀 비슷했어요. 걔는 약간 북한에 있는 얘보다 동정을 많이 해요. 그래서 얘는 계속 사람을 불쌍하게 보는 거 있죠.

전: 왜 불쌍하게 보는 거야?

진: 모르겠어요. 저도 왜 불쌍하게 보는지 모르겠는데 나보고 "북한에서 너 왔잖아" 하면서 불쌍하게 보는 거예요. 그러면서 '뭐지, 날 왜 불쌍하게 보는 거지? 난 잘 살고 있는데, 왜 얘가 나를 불쌍하게 보는 거지?' 하는 생각이 들긴 했어요. 근데 그 친구랑 아직까지 잘 지내고 있거든요. 제가 그래서 물어봤어요. "너, 왜 날 불쌍하게 보냐?" 하니까 "북한 사람들은 먹을 게 없고, 못살고 그래서 한국에 온 줄 알고 그랬다" 하는 거예요. 그래서 "아니다. 그냥 못살지도 않고 못 먹지도 않지만 그냥 한국에 온 거다" 그러니까 그 친구가 "아, 그랬냐?" 하면서 미안하다고 사과해서 지금까지 지내고 있어요. 근데 저는 북한 친구들보다 남한 친구들이 더 좋아요. 더 저랑 잘 맞아요.

전: 약간 북한에 대한 편견이 있네. 물론 그런 집도 있지만 아닌 집도 많은데. 그러면 진성이가 생각했을 때 좋은 친구의 요소 세 가지를 삼각형으로 그린다면 어떤 것을 적고 싶어?

진: 저는 믿음, 신뢰, 그리고 진실.

전: 유화는 좋은 친구라고 하면 어떤 세 가지 요소가 가장 중요할 것 같아?

유: 솔직하게 있는 그대로 자기 모습을 보여주는 거요.

전: 현정이는?

현: 믿음. 그리고 배신하지 않기.

전: 은지는?

은: 믿음, 있는 그대로, 마지막에는 편안함. 세상엔 영원한 게 없잖아요. 저도 우정이 영원하다고 믿지 않거든요. 그냥 편안함이 있었으면 좋겠어요. 그게 어떤 거냐면 옆에 있는 것만으로도 힘이 되는 느낌. 그냥 편안함. 조금

있어도 편안한 마음이 들게. 그리고 혹시 헤어진다고 해도 나쁘게 헤어지지 않고 나쁜 감정 없이 헤어지는 관계.

전: 맞아. 친구 관계에 편안함이 중요한 것 같아. 일구는 친구의 삼각형을 그린다고 하면 어떤 요소를 그릴 거니?

일: 뭔가 선택을 했을 때, 그 방향으로 도전하는 마인드.

전: 그런 친구를 사귀고 싶어?

일: 네. 왜냐면 없는 것보다 있는 게 낫고, '친구 따라 강남 간다'는 말도 있지 않습니까. 내가 그런 친구가 있다면 나도 그렇게 바뀌고, 물론 내가 그렇게 되어야 그런 친구가 오겠지만. 또 그런 친구가 없으면 나도 힘을 못 받는다고 생각하거든요. 그런 친구가 첫 번째고, 그리고 인성입니다. 마인드도 좋지만 사람은 무엇보다 인성이 좋아야 하잖아요. 그리고 신뢰입니다. 그분과 나의 신뢰가 쌓여야 이런 것도 쌓이고 이런 것도 베풀 수 있는 것이니까요.

전: 꿈만 아니라 인성과 신뢰가 중요하구나. 그러면 장호는?

장: 행복이요. 뭘 하든 좀 긍정적으로 갔으면 좋겠는데, 부정적으로 가면 나도 부정적으로 가니까요. 항상 해피한 사람. 그리고 약속 잘 지키는 사람. 뭔가를 약속했는데 어기면 제일 싫어요. 그리고 믿음.

전: 장호가 이야기하는 믿음의 구체적인 뜻은 어떤 거지?

장: 좀 모순적이지만 내가 일단 뭘 잘못했다고 해도 날 한번 믿어주는 거, 그리고 그게 잘못됐다고 해도 친구로서 좀 위로해 줄 수 있는 거요.

전: 나의 잘난 모습만 받아주는 게 아니라, 내가 실수하고 잘못됐거나 해도 그 모습을 받아주는 거? 그러면 친구를 어떻게 사귀는지 사람마다 다를 것 같아. 여러분은 어떻게 사귀는지 좀 궁금한데, 유화는 친구를 어떻게 사귀니?

유: 일단 저 같은 경우는 고등학교 때 시간이 없어서 친구를 많이 못 사귄 것 같아요. 대학교에 들어가서야 친구를 좀 많이 사귄 것 같아요. 베프 한두 명이면 만족할 것 같아요. 더 많은 것을 기대하지도 않고, 필요도 없고요.

전: 고등학교 때는 공부하느라 시간이 없어서?

유: 네. 그냥 고등학교 내에서만 그냥 알고 지냈어요. 대학교 가서야 얘기할 친구를 몇몇 만났죠. 그런데 대학교에서도 아까 말한 것처럼 가식적인 애들이 많아요. 예를 들어 "전화해" 하고 전화번호를 교환했는데, 전화번호 자체가 없어요. 그런 것 자체가 너무 가식적이고, "다음에 밥 먹어" 하고선 연락이 없어요. 그냥 그런 사소함? 그런데 솔직히 우리들은 친구를 진지하게 받아들이거든요. 전화하겠다고 하면 기다리고 그래요.

전: 근데 내가 북한분들 인터뷰하면서 경험한 건데 "인터뷰 끝나고 다음에 밥 먹어요" 했었는데 몇몇 아줌마들이 "언제 밥 먹냐?"고 하면서 화내는 거야. 자기네는 이런 말이 너무 싫대. 이럴 때는 어떻게 해야 해?

유: 그냥 저희 고향분들을 그대로 받아들여야죠. 저도 이젠 "밥 먹자" 그러면 익숙해져서 '그런가 보다' 해요.

전: 고향에서는 "밥 먹어" 하면 그냥 밥 먹는 거잖아.

유: 그렇죠. 그것도 약속이니까 지키는 거죠.

전: 말을 뱉은 이상 실천하는 게 중요하구나. 여기선 '밥 먹자'는 말이 예의상 하는 것일 수도 있거든. 북한분들이 그런 걸 안 좋아하네. 이 부분은 문화 차이다.

유: 네. 문화 차이가 심하죠. 친구를 사귈 때에도 일단은 착한 사람을 만나려고 하는 것 같아요. 착하다는 것은 일단 인성이 밝은 것이죠. 어데 가서 싹수없이 놀고, 약속을 안 지키고 그런 거는 진짜 최악이거든요. 그래서 친구들 사이에서는 신뢰를 많이 중시하는 것 같아요.

전: 어떤 모습이 좋고, 어떤 모습이 나쁜 건지 헷갈린다. 예를 들어 식당에서 더치페이 하는 건 어떻게 생각해?

유: 처음에 왔을 때는 그게 많이 불편했는데, 지금 와서는 그게 더 편한 것 같아요. 북한에서는 그런 게 없으니까요. 거기서는 밥 먹으면 내가 한 번 사고 네가 한 번 사고 그래요.

전: 현정는 어떻게 친구를 사귀는 거야?

현: 저는 친구를 세 부류로 사귀거든요. '친해지기 싫은 사람', '그냥 친구', '친한 친구' 이렇게 사귀는데요. '친해지기 싫은 사람'은 그냥 내가 싫은 사람이고, '그냥 친구'는 제 마음속에는 친구인데 가까이 가기 싫은 사람, '친한 친구'는 다 퍼주는 사람이요.

전: 어떤 사람에게 가까이 가기 싫어?

현: 이기적인 사람들요. 그냥 자기가 항상 먼저인 사람들, 자기가 이로워야 하고 타인이 어떻게 되건 아무런 신경 안 쓰는 사람요.

전: 그리고 친해질 수는 있지만 아주 가까이 가기 싫은 친구?

현: 대화는 하는데, 정이 없어서 적당히 어느 정도 선을 긋는 친구요. 그리고 친한 친구는 그냥 다 줘요. 저랑 잘 맞아야 하고, 성격도 좋아야 하고, 그냥 제가 그 친구를 친구로 생각하는데 그 친구도 저를 친구로 생각하면 엄청 친한 친구죠.

전: 가식이 없다는 거는 내 이야기도 많이 한다는 거야? 말하다 보면 좀 숨기고 싶은 것도 있잖아.

현: 그런 건 안 말해요. 다 말하면 그 친구도 힘들어지니까. 적당히 말해요.

전: 일구는 친구를 어떻게 사귀는 편이야?

일: 저는 첫째로 인성을 많이 보는 것 같아요. 저는 선뜻 다가가는 스타일이 아니거든요. 한 친구가 있으면 그 친구를 오랫동안 주시하면서 이 사람의 인성이 어떻다고 할 때 다가가요. 친구를 사귀는 기준이 좀 까다로워요.

전: 쉽게 말하면 아무나 안 사귀는 거네?

일: 네. 그리고 꿈이 있는 사람이요. 20대들은 거의 꿈이 있잖아요. 근데 꿈은 있지만 그저 생각만 하는 사람들도 많아요. 하지만 그 꿈을 위해 열심히 노력하는 사람들이 좋아요. 그리고 마음의 그릇이 넓은 사람. 마음의 그릇이라는 게 자존감 문제인 것 같아요. 겉모습보다 안에 지식이 많고, 탄탄하게 다져진 친구들과 친구로 사귀고 싶어요. 그리고 돈 문제가 깔끔한 사람. 부자간에도 돈 문제가 있잖아요. 돈 문제가 깔끔한 사람이 좋아요. 뭔가 상황

이 일어나도 그 문제를 깔끔하게 처리하는 것이 좋아요. 마지막은 자신을 성장시키려고 노력하는 사람. 오늘과 다른 내일을 사는 사람을 좋게 생각해요.

전: 일구는 뭔가 생각이 많은 것 같아. 20대 후반인데, 생각을 많이 하는 복학생 같은 느낌이 든다. 그러면 이제는 친구 관계를 어떻게 하면 잘 유지할 수 있는지가 궁금하네. 은지부터 얘기해볼까?

은: 저는 관계를 유지해야 한다는 생각을 하는 것 자체가 관계를 깨는 일이라고 생각해요. 관계를 유지한다는 건 친구의 의미보다 관계에 더 의미를 두는 것 같아요.

전: 오히려 이런 생각을 하는 자체가 별로라고 생각하네.

은: 별로라고까지는 생각 안 해요. 하지만 저도 가끔 그런 생각을 하긴 해요. '관계를 지속하고 싶다'는 것에 의미를 두는 것보다는 그냥 '항상 나는 내 친구한테 최선을 다했다', '(친구한테) 할 걸 다 했다'고 생각해요.

전: 간단한 사례가 있을까?

은: 친구가 많이 울고 그러잖아요. 그럴 때는 위로해 줄 방법이 많지 않아요. 그래서 꼭 끌어안아 준다든지, 맛있는 거 사준다든지, 재미있는 이야기를 해준다든지 해서 기분을 풀어주고 그래요. 저는 친구들 얘기를 잘 들어주거든요. 그러면 친구들이 "그때 니 말이 힘이 되고 고마웠어"라고 말해요. '내가 이렇게까지 해줬는데 받아들이는 건 네 몫이다'라고 생각해요. 기쁜 일이 있으면 칭찬해 주면서 자존감을 높여주고 그래요.

전: 유화는 친구 관계를 잘 유지하기 위한 생각이나 방법이 있어?

유: 자주 만나면 되지 않을까요? 솔직히 만나지 않고 계속 연락만 하면 친구 관계가 유지되지 않겠죠. 그냥 이름만 아는 사이라면 유지하기가 쉽지 않겠죠.

전: 어떤 면에서는 가까이 사는 게 유리하겠네. 그러면 유화는 애인 외에 여사친이 있는 걸 가능하다고 보니?

유: 저 그런 거 진짜 싫어해요. 여자친구 외에 여사친 이런 거는 불가능하다고

생각해요. 그냥 저는 어디까지나 남자는 남자고 여자는 여자라는 고정관념이 있어요. 그래서 여사친이 없어요.

전: 일구는 어떻게 생각해? 이성 간에 친구가 있다고 생각해?

일: 저는 친구 할 수 있다고 생각하고 있어요. 상대방은 모르겠지만 나만의 선이 있으니까 그것을 잘 지킬 수 있다고 생각해요.

전: 장호는 이성 간의 친구가 있다고 생각해?

장: 없다고 생각해요. 말만 하는 건 가능해도, 여자랑 남자가 친구 되는 게 저는 불가능하다고 봐요. 둘 중의 한 명은 다른 생각을 하지 않을까 생각해요.

전: 은지는 어떻게 생각해?

은: 저는 아주 가까운 사이는 아니어도 이야기도 하고 그런 친구는 가능하다고 봐요. 가까운 사이는 좀 그래요. 북한에서도 남자애들이랑 같이 놀았거든요. 근데 같이 놀아도 여자애들이랑 놀 때와는 다르죠. 친구 할 수는 있는데 베프는 하기 어렵다고 봐야 하나. 어느 정도 선이 있어요.

전: 현정이는 어떻게 생각해?

현: 저는 원래 가능하다고 생각했었는데, 곰곰이 생각해 보니 불가능하다고 생각해요. 완전한 친밀감이 없는 친구는 될 수 있어요.

전: 진성이는?

진: 이성 간의 친구가 될 수 있다고 생각해요. 안 될 수도 있지만 저는 친구가 한 명 있어서 여자처럼 때리고 장난하고 그래요. 원래는 이성 간의 친구가 없는 건 맞는데, 저는 친구가 좀 있어요. 뭐 그냥 친구면 친구지. 근데 남자 친구가 있을 때는 친구가 필요 없어요.

전: 오늘은 간단하게 느낀 점을 나누고 마무리하면 좋을 것 같아요. 일단 현정이는 어땠어? 친구에 대해 이야기했는데 어찌 보면 익숙한 단어 같으면서도 좀 어려웠던 것 같아.

현: 평상시에 별로 생각을 안 했는데 친구에 대해 좀 더 구체적으로 알게 되었

다고 봐야죠.

전: 진성이는?

진: 저는 처음에 어려울 줄 알았는데 해보니까 어렵지는 않았어요.

전: 유화는 오늘 이렇게 참여했는데 어땠는지 궁금하네.

유: 평상시에 친구 생각을 하기는 했었는데 이렇게 디테일하게 생각해 본 적이 별로 없었어요. 한 번 더 친구들에 대해 생각하는 계기가 되어서 좋았어요.

전: 은지는?

은: 저는 평상시 친구에 대해 생각하는데 인터뷰를 하면서, 다른 사람들의 이야기를 들어보면서 사람마다 생각하는 가치가 다르다는 것을 알게 되었습니다.

전: 장호는?

장: 재미있었어요. 편하게 말할 수 있는 주제여서.

전: 일구는?

일: 친구에 대한 기준에 대해 생각을 안 했었는데, 그 기준에 대해 다시 생각하게 됐습니다.

전: 새롭게 만난 분들 너무 반가웠고, 앞으로도 이런 모임이 많았으면 좋겠네요. 관심 있으면 참여해 주시고 여러분의 주제를 공유해 주시면 좋겠습니다. 여러분 고생하셨고 모두 수고하셨습니다. 감사합니다.

제3부

탈북여성을 위한
부모교육 프로그램
프로젝트 사례

2022년 2학기 김유진은 서울시립대학교 〈심리학의 이해〉 과목에서 진행하는 서비스러닝 프로그램에 참여하였다. 이것은 김유진이 북한이주민에 대해 관심을 갖게 된 시발점이 되었다. 서비스러닝 사업은 대학생이 지역사회 탈북아동과 청소년 가정을 방문하여 멘토 역할을 하는 일이었다. 대학생 멘토들은 영어, 수학 등 학습지원을 하기도 하고 종종 함께 축구를 하거나 미술활동, 진로에 관한 대화를 하는 등 동적이고 정적인 활동을 케이스에 맞게 수행했다.

이 프로그램은 서울북부 하나재단과 서울시립대 교수학습개발센터가 연계하여 학생에게 사례를 연결하는 방식이다. 김유진은 서비스러닝 사업에 참여하며 총 2명의 탈북민 자녀를 만났고 봉사시간이 종료된 후에도 자발적으로 1년 이상 멘토링을 수행 중에 있다. 여기서는 〈탈북민 부모대상 부모교육 강연 프로그램 및 온라인 콘텐츠 제작〉이라는 제목으로 수행된 2023년 한빛누리 민족화해 지원사업을 소개하고자 한다. 아직 콘텐츠가 완성된 것은 아니나, 탈북여성의 양육 경험에 관한 인터뷰와 전문가 인터뷰의 내용 등을 이 장에서 소개하는 것은 의미가 있겠다.

제1장 프로젝트 참여 동기

전주람은 한빛누리재단[1] 공모전 공고를 보게 되어 김유진에게 2023년 한빛누리 민족화해 지원사업에 도전해 보도록 권유하였다. 탈북아동을 만나면서 보람을 경험하고 있던 김유진은 사회적으로 가치 있는 일에 조금이나마 도움이 되었으면 하는 생각으로 팀원을 꾸려 프로젝트를 구성했는데, 선정되는 영예까지 누리게 되었다.

김유진은 탈북민 어머니와 유선으로 대화하며, 자녀에 대해 이야기를 나누는 과정을 거쳤다. 아울러 하나센터 관계자분들과도 탈북아동들의 교육 및 양육에 대한 북한사회의 실상에 대해 의견을 나눴다. 김유진은 본 사업의 대상인 북한이주민 여성 및 관련 실무자와의 여러 대화 시도를 통해 배움의 기회를 가질 수 있었다. 이를 통해 탈북민 부모가 남한에서 아이를 어떠한 방식으로 양육하는지 알아가며 정보를 얻었다. 이 과정에서 교육 및 양육 방식에 있어 남북한의 차이가 생각보다 컸음을 알게 되었다. 또한 탈북 이후 갑작스럽게 남한식 교육 및 양육 형태에 맞춰 자녀를 지도해야 할 의무를 지게 된 탈북민 부모들을 위한 자녀 양육, 학습 지도 관

---

1 한빛누리는 다음과 같은 사명과 뜻을 가진다. 기독운동체가 자기 소명을 감당할 수 있도록 지원하며, 교회공동체가 하나님나라 복음으로 개혁되고 개척되도록 섬깁니다. 한반도의 평화와 민족의 화해를 위해 창의적으로 동역하며, 시대적으로 필요한 변혁 사업을 발굴 육성하고 독립을 지원합니다. 김유진은 2023년 한빛누리 민족화해 지원사업 공모전에서 〈탈북민 부모대상 부모교육 강연 프로그램 및 온라인 콘텐츠 제작〉이라는 제목으로 선정된 바 있다. (https://www.thebrightfoundation.org).

런 교육 프로그램이 현저히 적은 실정임을 깨닫게 되었다.

앞으로도 한국사회에 북한이주민은 더 증가할 것이다. 이에 탈북 아동 및 청소년들이 남한에 잘 적응할 수 있도록, 그리고 탈북민 부모들이 자녀를 양육 및 교육함에 있어 필요한 정보를 얻을 수 있도록, 제도적으로 개선하는 노력이 필요할 것이다.

제2장 탈북여성 대상 부모교육 프로그램 개발의 필요성

탈북 부모들이 남한에 오면 많이 놀란다고 한다. 부모가 자녀를 과하게 챙기며 많은 간섭을 하는 것이 북한과는 많이 다르기 때문이란다. 북한에서는 자녀를 독립적이 자립적으로 성장하게끔 교육한다. 하나센터 복지사님께 들은 바로는 탈북 어머님께서 3살 정도밖에 안 된 아이를 그냥 집에 두고 몇 시간씩 집을 비운다고 한다. 그리고 이에 대해 전혀 문제점을 못 느끼신다고 하는데, 남한 부모들 입장에서는 상상도 못 할 일이다. 또 5살밖에 되지 않은 아이들이 혼자 밥을 차려 먹기도 한다고 했다. 안전 문제가 있기에 복지사님들이 부모들과 이야기도 하고 설득한다고 하지만, 북한에서는 다들 그런다며 이 문제를 가볍게 여기는 경우가 많다고 했다. 남한과 북한의 문화 중 어떤 게 옳다 그르다 할 수는 없겠지만, 일단 입남을 한 이상 남한의 문화에 어느 정도 적응할 필요는 있을 것이다.

여러 논문을 읽어보면 탈북 아이들의 약 40%가 학교생활에 어려움을 겪고 있다는 결론을 내렸다. 그것의 주된 이유가 학업의 어려움이라는 것을 알게 되었다. 일단 남북한의 교육과정에 많은 차이가 있으며, 탈북 및 정착 과정에서 꽤 오랜 시간 학업의 부재가 발생한탓이겠다. 그 상태에서 진학을 하니 아이들은 학교 수업을 따라가기도 벅차고, 부모들은 남한의 교육과정에 대해서 무지할 수밖에 없었을 것이다. 남북 입시 및 교육 제도의 차이를 정확히 알지 못하는 것은 어디에서 정보를 얻어야 하는지, 아이를 어떻게 교육해야 하는지 잘 알지 못하는 상태와 연결된다. 탈북 학생들의 학업 능력 부족은 고등교육으로 갈수록 그 현상이 더 심해지는데, 이는 초기부터 발생한 학습능력 부족이 누적되어 일어나는 현상이다. 따라서 탈북 아이들 및 부모를 대상으로 한 남한의 교육 및 양육에 대한 정보 제공은 빠른 시일 내에 이루어져야 한다.

제3장 탈북여성 양육의 어려움 및 전문가 의견

1. 탈북여성들의 자녀양육 어려움

중국에서 낳은 24살 아들과 18살 딸을 홀로 키우는 탈북민 가정의 가장인 전유진(52, 여, 가명) 씨는 25세에 탈북을 하여 중국으로 넘어갔다가 2010년에 한국으로 왔다. 제3국 출생 자녀를 홀로 키워야 하는 현실은 녹록지 않았고 그는 "우리 아들은 중국에서 태어났다는 이유로 북한이탈주민 대상의 지원을 받지 못한다. 정부

지원이 부족한 탓에 탈북민 한부모의 양육은 끝나지 않는 '서바이벌 게임' 같다"고 말했다. 북한이탈주민은 국내 정착 제도에 따라 양육비, 정착기본금, 주거지원 등을 받는데, 현행법상 북한에서 태어나고 외국 국적을 취득하지 않아야만 북한이탈주민으로 인정된다. 하지만 탈북민의 상당수가 수년간 타국에서 은신하다가 입국하는 경우가 많다는 것이 문제이다. 북한 여성 인권 운동가로 활동 중인 김정아 통일맘연합회 대표는 "제3국 출생 아이는 엄마와 한 번 떨어졌던 과거 경험으로 인해 더욱 심한 분리불안을 겪는다"고 말했다. 또 탈북민 자녀의 학업 공백도 문제다. 제3국에서 생활하다 온 탈북청소년들은 언어, 문화적 차이로 학업을 포기한다.

2. 한 탈북여성의 자녀양육 사례
(2009년 탈북, 30대 초반, 여성)

인터뷰 일자: 2023년 10월 12일 목요일 오후 11시~11시 30분
(약 30분)

진행자: 김유진(서울시립대학교 경제학부 학부생)

글 구성(정리): 곽상인

김유진: 아 네. 어머니 안녕하세요. 혹시 지금 통화 가능하실까요?

탈북민: 네.

김유진: 그렇게 오래 진행되지 않을 것 같고 한 20~30분 정도 진행될 거예요. 일단은 아마 대표님께서 안내해 주셨을 것 같기는 한데, 저희가 사전 조사를 하기는 했는데, 이게 아무래도 저희가 탈북민분들로부터 직접

들은 거는 아니니까 듣고 싶어서 일단은 부탁을 드리게 됐고요. 이 인터뷰 내용은 저희가 자료를 만드는 데 사용이 될 것이고, 전부 다 익명 처리가 될 거거든요. 그러니까 그런 부분은 걱정 안 하셔도 될 것 같아요. 그리고 인터뷰 사례금은 끝나면 입금해 드릴 겁니다.

탈북민: 네. 알겠습니다.

김유진: 일단은 성함이 어떻게 되시죠?

탈북민: ○○○입니다.

김유진: 그리고 현재 거주 지역이 어디시죠?

탈북민: ○○에 살고 있어요.

김유진: 그리고 어머님 연령대가 어떻게 되나요?

탈북민: 지금 30대 초반이에요.

김유진: 그리고 자녀분들은 첫째가 5살이고, 둘째 자제분 나이는 어떻게 될까요?

탈북민: 2살이요.

김유진: 네. 그리고 탈북 시기랑 혹시 당시 자녀 나이 알 수 있을까요?

탈북민: 탈북 시기는 2009년이고요.

김유진: 그럼 자녀분들은 여기 오셔서 낳으신 거죠?

탈북민: 네.

김유진: 자녀가 초등학생이었으면 좋았겠지만 안타깝게 그러진 못했는데 어머니께서 일단 나이가 그렇게 많으시진 않으셔서 북한에서 받으셨던 교육들이 대충 기억이 나실 것 같은데요. 북한에서 어떤 교육, 교육 시설을 겪으셨는지 알 수 있을까요?

탈북민: 일단 초등학교랑 중고등학교를 다 졸업하고 왔거든요. 그 과정은 다 겪었어요.

김유진: 고등학교까지가 의무 과정인가요?

탈북민: 네. 의무 과정이에요.

김유진: 그리고 그 과정에서 혹시 사교육은 전혀 없었나요?

탈북민: 네. 사교육은 전혀 없었어요. 그런데 그 당시에도 사교육 하는 사람들이 있기는 했어요. 사교육이라는 개념보다 1대1로 이렇게 하는 사람도 있었는데 그게 막 오히려 안 하는 사람들이 대부분이었기 때문에 대학교 간다거나 정말 그런 사람들 아니면 거의 안 했던 것 같아요.

김유진: 아실지 모르겠지만 남한은 아이들이 학원을 좀 많이 다니잖아요.

탈북민: 아, 그쵸. 네.

김유진: 사실 정말 많이 다니고 평범한 일반 고등학교라면 거의 100%의 아이들이 대학 진학을 희망해서 학원에 다녀요. 근데 그거랑 비교했을 때 혹시 북한이 어느 정도 될까요?

탈북민: 사교육 비율이요?

김유진: 네. 사교육이나 아니면은 고등학교에서 대학에 가고자 하는 아이들의 비율 정도는 어떤가요?

탈북민: 제가 통계를 본 적이 있는데요. 어떻게 통계를 낸 건지는 잘 모르겠는데 북한의 5%만 대학교를 간다고 하더라고요. 근데 실제로 북한은 1고등이라고 해서 제1중학교라는 데가 있는데, 거기는 이제 공부를 좀 잘하는 친구들이 뽑혀서 가는 거예요. 근데 그 학교에 다니는 친구들만 대학교 간다라고 생각할 정도로 일반 학교에 다니면 대학교 갈 생각조차도 못하고 그냥 졸업하면 군대 가거나 나라에서 배치해 주는 직장에 다니거나 하는 것 같아요.

김유진: 그럼 보통 중학교를 졸업하고 직장을 가거나 군대를 가는 건가요?

탈북민: 네네. 그렇죠.

김유진: 그럼 제1중학교 친구들은 어느 고등학교로 가나요?

탈북민: 그게 이제 북한은 그 고등학교 자체를 그냥 중학교라고 해서 6년을 했었거든요. 이제는 3년, 3년으로 바뀌었다고는 하더라고요. 근데 제가 있을 때까지는 그냥 중학교 6년이었어요.

김유진: 그럼 보통 고등학교는 다들 나오는 거네요?

탈북민: 네. 그렇죠.

김유진: 제가 남북하나센터에서 지금 탈북민 자녀, 그러니까 아이들을 교육하는 봉사를 하고 있어요. 그 과정에서 어머님들이랑도 얘기를 하는데 남한 교육 과정이나 대입수능제도를 잘 모르시는 것 같더라고요. 정보를 얻을 데도 마땅히 없으신 것 같아서 이 사업을 추진하게 되었는데 혹시 어머님께서는 아이가 아직 어리기는 하지만, 이러한 남한 관련 교육 정도를 어디서 얻으세요?

탈북민: 정보들은 동네 엄마들을 통해서 대부분 얻는 것 같고요. 근데 이제 동네 엄마들이 여기 살고 있는 남한 엄마들이거든요. 제가 볼 때 그 엄마들은 교육열이 너무 높다고 생각해요.

김유진: 그러면 그분들도 자녀가 좀 어릴 텐데 그래도 교육열이?

탈북민: 그죠. 저희 첫째가 5살이고 또래 엄마들도 비슷한데, 5살이면 저는 이제 학원에 솔직히 보낼 생각조차를 안 하고 있었어요. 왜냐하면 북한에서 저 역시 크면서 학원이나 이런 걸 다녀본 적이 없었고 그냥 학교 공부 외에는 놀았거든요. 그랬기 때문에 여기 한국은 이렇게 엄청 보낸다라고 듣기는 했었지만 솔직히 그때는 자녀도 없고 나와는 좀 거리가 멀다 생각을 했었는데 실제 자녀가 생기니까 현실로 다가오더라구요. 3살부터 막 어디 다니고 지금 저희 첫째랑 나이가 같은 또래 친구들이 벌써 학원비만 80만 원이 나간다고 그래요. 태권도 미술은 벌써 기본이구요. 이런 것들을 이제 듣게 되면서 와, 대단하다 그런 생각을 했어요. 저도 그 엄마들 따라서 태권도장에 한 번 보내보기도 했어요. 근데 저희 딸은 좀 힘들어하더라고요. 그래서 그냥 너한테는 노는 게 제일 좋다 이러면서 학원을 끊었어요. 아무튼 동네 엄마들 보면 벌써 5

살에 태권도는 기본으로 다니는 친구들이 너무 많고 미술학원도 그렇고요. 5살부터도 벌써 학원을 기본 2개 그리고 영어 학습지 이런 것들도 하더라고요. 진짜 저렇게 어려서부터 많이 하는구나 이런 걸 느끼고 있어요.

김유진: 그러면 첫째 자녀분께서는 태권도를 잠깐 다니고 그 이외에는 따로 경험을 해본 적이 없는 거죠? 사교육 같은 거를.

탈북민: 네. 한 달 다니고 관뒀어요.

김유진: 혹시 관두게 된 이유는 그냥 태권도에 딱히 흥미가 없어서일까요?

탈북민: 힘들어하더라고요. 완전히 노는 게 아니라 이제 좀 힘든 발차기나 줄넘기나 이런 걸 시키는 거를 좀 체력적으로 따라가지 못했어요. 남자애들은 뭐 좋아한다고 하는데 여자라 그런지 힘들어하더라고요.

김유진: ○○(지역)이 구별로 조금 교육열이 다르긴 한데 혹시 어느 쪽일까요?

탈북민: 저희가 ○○ 신도시라서 아마 젊은 엄마들이 대부분일 거예요.

김유진: 근데 그쪽도 사교육이 많이 심한가 보네요. 신도시이다 보니까.

탈북민: 네.

김유진: 그러면 어머님께서는 개인적으로 남한의 이러한 교육열에 대해서 어떻게 생각하세요?

탈북민: 저는 솔직히 긍정적이지는 않아요. 제가 처음에 여기 와서 초등학생들 볼 때마다 너무 불쌍하다라는 생각이 들었거든요. 제가 물론 북한에서 풍족하거나 이런 건 아니었는데 그래도 공부에 대한 스트레스가 하나도 없었고, 집에서 누구도 저에게 뭐 공부해라 이런 스트레스를 안 줬어요. 그리고 그때 친구들이랑 놀았던 게 저는 인생에서 제일 좋은 기억과 추억으로 남아 있어요, 지금까지도. 그래서 처음에 한국 왔을 때, 제 나이에 놀지 못하는 여기 아이들이 좀 안쓰럽게 느껴졌었어요. 저도 결혼해서 아이를 키우는데도 남편한테 나는 애를 학원 안 보낼 거야, 이런 얘기를 많이 하거든요. 그냥 놀 때는 실컷 놀게 할 거야, 이랬

는데 이제 또 남편은 의견이 좀 다르더라고요. 다른 집들은 다 보내는데, 우리만 안 보내면 되겠내고. 물론 그것도 좋은 생각이긴 하지만 또 뒤처지면 그 아이한테 그게 또 스트레스일 수 있지 않겠냐고 하더라고요. 여전히 그 의견 사이에서 좁혀가는 중이긴 해요. 그렇지만 지금까지는 솔직히 어릴 때부터 영어 유치원 보내고 막 이럴 생각이 전혀 없어요. 일단 그냥 놀게 하고, 아이가 커서 학교 가서 스스로 "나 공부좀 배우고 싶어요" 하면 그때 보내주고 싶다 이런 생각이에요. 공부가 인생의 전부라고 생각하지 않기에 저는 지금은 그렇게 생각하고 있어요.

김유진: 남편분께서도 북한에서 오셨을까요?

탈북민: 네.

김유진: 그리고 교육열 때문에도 많이 놀라셨겠지만, 교육 말고도 양육 방식도 차이가 좀 나는 것 같더라고요.

탈북민: 그렇죠. 네.

김유진: 제가 하나센터에서 들은 바로는, 물론 뭐가 옳다 그르다는 아닌데, 북한에서는 조금 더 약간 자립심 있게 키우는 반면에 남한에서는 조금 과하게 보호하는 경향이 조금 있죠.

탈북민: 네네.

김유진: 그러한 차이로 혹시 가장 조금 당황스러웠던 적이 있었을까요?

탈북민: 북한에서는 사실 그럴 수밖에 없는 상황과 환경인 것 같아요. 남한에 와서 제가 이제 자녀를 키우면서 느꼈던 게 아이를 낳으면 모든 게 그냥 내 삶에서 자녀 위주의 삶으로 바뀌더라고요. 모든 것이 당연하게 그렇게 되는 거예요. 근데 이제 북한은 자녀가 태어나면 자녀 위주의 삶이 아니에요. 그 자녀들이 부모의 삶에 그냥 맞춰서 사는 시스템이거든요. 왜냐하면 그 부모들은 자녀가 있든 없든 생계를 책임져야 하고, 오늘도 나가서 농사를 지어야 하고, 장마당 나가서 음식을 팔고 장사를 하다 보니 아기가 태어났다고 해서 하던 일을 멈출 수 있는 상황이 아니거든요. 그러면 이제 애들은 그냥 부모의 일상생활에 맞춰서

살 수밖에 없는 거예요. 그래서 그러다 보니까 좀 더 자유롭게, 어찌 보면 아이를 정말 보호할 수 있는 그런 환경도 아니고, 자녀들 자체가 좀 더 독립심 있게 크는 것 같아요. 저 역시도 그랬었고요. 어릴 때부터 그냥 엄마가 장사 가거나 어디 일하러 가면 항상 친구들이랑 그냥 밖에서 놀다가 와요. 엄마가 집에 언제 들어오는지도 솔직히 잘 모르고, 배고프거나 깜깜해지면 집에 들어가고 늘 이랬던 기억이 있거든요. 주위 친구들 역시 대부분이 그랬었고 오히려 친구들이 밥을 해놓고 부모가 일을 하고 돌아오기를 기다리는 그런 친구들도 정말 많았었고요. 그 삶의 환경 자체가 다르기 때문에, 어쩔 수 없이 그럴 수밖에 없었다라고 생각이 들어요. 그래서 북한 친구들은 정말 자연스럽게 살아남기 위해서 독립적이고, 생활력 강하게 그렇게 클 수 있는 거 같아요. 또 북한은 이렇게 자동차나 이런 위험 요소들이 그렇게 많지가 않아요. 그래서 자녀들을 그냥 동네에 풀어놓고 어디 다녀와도 그냥 잘 놀고 있는데 여기는 그러면 너무 위험하겠더라고요. 저도 자녀를 키워보니까 자동차들이 너무 많이 다니고 이렇게 한순간도 눈을 뗄 수 없는 상황이다 보니까 좀 그런 환경이 일단 많이 다르지 않나라는 생각이 들어요. 저희 탈북민들이나 북한에서 오신 분들은 아이들을 한국 엄마들처럼 과하게 보호하지 않고 우리가 그런 방식으로 살았기 때문에 그렇게 키우는 분들도 많다라고 들었어요.

김유진: 그리고 아직 이르기는 할 텐데 혹시 자녀분께서 가장 좋아하는 과목이 있을까요? 예체능을 포함해서 뭐 미술이나 이런 과목이요. 지금 국영수는 조금 이른 시기인 것 같고 미술을 좋아하나요?

탈북민: 네네. 그림 그리고 색칠하는 거 좋아하구요. 그리고 일단 지금은 뛰어노는 걸 제일 좋아해요. 친구들이랑 놀이터 가서 노는 거 제일 좋아하고, 그림 그리는 거, 책 읽는 거 좋아해요.

김유진: 아까 북한에서는 사교육을 하더라도 보통 1:1 위주라고 말씀을 하셨잖아요. 이거는 예체능이 아니라 국영수 같은 거 말씀하시는 건가요?

탈북민: 그렇죠. 그런데 예체능도 있어요. 그리고 예체능 같은 경우에는 예를

들어 기타나 손풍금 이런 걸 많이 배우는데 그런 거 배울 때는 학원이라는 개념이 없어서 대부분 개인 집에서 레슨을 받거든요. 그래서 예를 들면 선생님이 사는 집에 그냥 가서 10명, 20명 이렇게 작은 집에 모여서 받을 때도 있고요. 그런 거는 이제 좀 단체로 많이 받고요. 국영수 같은 경우에는 이제 대학교 다니는 형 누나들이 좀 1:1로 해주는 편이에요.

김유진: 학원은 거의 없는 거죠?

탈북민: 네. 학원 자체가 없어요. 건물에 학원이란 간판도 없고 그냥 그런 건 없는 것 같아요.

김유진: 그리고 아직 아이들이 조금 어리긴 한데 자녀 교육에 있어서 어머님께서 느끼시는 문제점, 가장 큰 문제점이 있다면 어떤 걸까요?? 예를 들어서 교육비 부담 아니면 관련 정보 부족 아니면 필요성을 아직 느끼지 못하신다든지.

탈북민: 일단 저도 지금 키우는 입장에서 봤을 때 교육비가 너무 비싼 것 같기는 해요. 저희 사촌 언니도 초등학생 아들을 2명 키우고 있는데, 애를 낳으면 돈이 많이 든다라고 하는 걸 저는 처음에 공감이 안 됐어요.

김유진: 북한을 생각하시면 좀 공감이 안 되는 편이었나요?

탈북민: 그것보다는 저희 아이가 아직 어리기 때문에 먹는 거랑 기저귀랑 그냥 필요한 것 외에는 이제 돈이 안 들어가기 때문에 그게 그렇게 막 엄청 부담될 정도의 돈이 아니라 정말 그냥 일상생활 살아가는 거에 조금 정도 더 드는 거죠. 그게 이제 큰 부담이 아닐까. 이것 때문에 자녀를 안 낳는 건 아닐 테고 이게 돈이 왜 그렇게 많이 들어갈까, 이 생각을 항상 했었는데 주변에서 저희 사촌 언니도 그렇고 초등학교 들어가면서부터 돈이 들어간다, 교육비부터 시작이다, 이런 얘기를 하더라고요. 그래서 도대체 언니네 애들은 교육비가 얼마나 드냐, 이러니까 한 명당 보통 100만 원이 든대요. 이제 그렇게 생각하니까 좀 부담이 확 되더라고요. 학원도 학년 올라갈수록 비싸지고 적어도 3~4개, 5개

막 이렇게 다녀야 된다, 그래 가지고 돈이 많이 들어간다는 게 학원 다
니면서부터 교육비를 두고 얘기하는 거구나라는 생각을 하게 됐어요.
또 주위에서 5살 되면서 학원비가 막 80만 원 들고 이런 얘기 들으면
서 교육비가 정말 비싸구나 많이 드는구나 느끼는 거죠. 그래서 그런
것도 너무 비싸고 그리고 저는 북한에서 교육을 받았어서 그런지 공교
육만 잘 받아도 되지 않나 생각했거든요. 사교육이라는 걸 받아본 적
이 없잖아요. 그래서 저희 오빠도 사교육 한 번도 받은 적이 없고 그냥
공교육과 이제 그냥 자기가 공부해서 북한 정말 최고의 대학까지 갔거
든요. 김일성 김책공업대학이라고. 저희 부모님이 공부해라 이런 얘
기를 한 번도 한 적이 없어요. 그냥 자기 스스로 한 거거든요. 공교육
만 잘 받아도 그리고 자기가 하려는 의지만 있어도 충분히 할 수 있겠
다, 이 생각이 저는 항상 있어서 아이가 스스로 하겠다 하지 않는 이상
그런 걸 모를 때부터 막 억지로 시키고 싶지는 않은 거예요. 그런데 한
국 분위기 자체는 뭔가 당연히 보내야 하는 편이더라고요. 그 집 애는
학원 뭐 다녀요? 이렇게 물어보고 아직 안 다닌다고 하면 태권도 보내
요? 뭐 보내요? 이거를 이제 당연하게 얘기하고 엄마들이 모이면 학원
얘기 영어유치원 얘기, 공부 정보 얘기를 자주 하는 거를 듣게 되죠. 아
무래도 다들 아이가 혼자 못 해서 그런다기보다는 주위에서 다 보내니
까 불안해서 조금 보내는 것도 많은 것 같아요. 저도 주위에서 80% 이
상 보내니까 저도 왠지 보내야 될 것 같은 그런 마음이, 조바심 같은 게
들 때도 가끔 있거든요. 그래서 내가 중심을 잘 잡아야겠다라는 생각
을 많이 하는 것 같아요.

김유진: 이거는 조금 추상적이긴 한데 어머님 본인이나 아니면 자녀가 삶을 살
아가는 데 있어서 가장 우선시하는 가치관은 뭐가 있을까요? 저희가
예시로 써놓은 거는 자유, 부와 명예, 기타 등등이 있을 것 같아요.

탈북민: 아, 저는 좀 확실하게 있어요. 저희는 신앙이 가장 중요해요. 아이들
도 우선적으로 신앙을 잘 가졌으면 좋겠고, 신앙을 바탕으로 그 안에
서 이제 모든 것들을 잘 선택하고 해결했으면 좋겠어요. 교육 이런 거
에 그렇게 초점을 맞추거나 집중하지 않으려고 하는 이유도 이 아이가

꼭 그걸 위해서 태어난 게 아닐 수도 있기 때문에, 또 다른 걸 이제 잘 할 수도 있고 그걸 아직 저희가 발견하지 못한 것일 수도 있잖아요. 그래서 아무튼 저는 가장 중요시하는 게 신앙이에요.

김유진: 어떤 종교를 믿으세요?

탈북민: 기독교예요.

김유진: 제가 준비한 질문은 여기까지인 것 같아요. 정리해보고, 더 필요하다고 느껴지는 게 있으면 문자 드려도 될까요?

탈북민: 네네. 편하게 전화나 문자 주세요.

김유진: 그리고 인터뷰 비용은 제가 지금 보내드릴 수 있어서 그 문자로 계좌번호랑 예금주명 남겨주시겠어요? 네. 그러면 ○○원 바로 보내드릴게요.

탈북민: 네. 알겠습니다. 도움이 되었으면 좋겠네요.

김유진: 네. 감사합니다.

3. 전문가 인터뷰 사례

인터뷰 일자: 2023년 12월 12일 화요일 오전 11시경
인터뷰어와 인터뷰이: 김유진, 전주람
전사: 김유진
글 구성(정리): 곽상인

'탈북민, 그리고 양육'에 관한 전문가 인터뷰[2]

김: 안녕하세요. 저는 한빛누리재단에서 주최하는 남북화해공모사업으로 탈북민 부모들의 원활한 남한 정착 및 자녀 양육을 위하여 전문 교수님께 인터뷰를 요청드리러 왔는데요. 일단 교수님 소개좀 해주시겠어요?

람: 네. 안녕하세요. 저는 서울시립대학교 교집구 소속으로 학생들을 가르치는 전주람이라고 합니다.

김: 탈북민에 대하여 많이 조사하시고, 연구하신 걸로 알고 있는데요. 북한과 남한에서의 자녀 양육 방식에는 어떠한 차이가 있으며, 이러한 차이가 발생하는 원인은 무엇인가요?

람: 남북한의 부모가 양육 행동에 관해서 명료하게 무엇이 다르다라고 얘기하기에는 조금 어려운 부분은 있지만, 일단 남북한 국가 체제가 다르고, 그들이 남한으로 이동해서 살아갈 때 그들이 짓는 어떤 문화나 이런 부분의 차이가 굉장히 크게 되는데 그것이 이제 가족이라는 미시 체계 안에서도 여러 가지 좀 다른 그런 영향을 주는 것 같습니다. 예를 들면 북한에서는 이제 어린이집에 갈 때 어머니가 자동차로 픽업을 하지는 안잖아요. 그런 일보다는 아이가 혼자 15분, 20분 거리를 걸어가는 일상의 모습이 더 많잖아요. 그래서 남한에 왔을 때, 어떻게 아이를 교육시켜야 하는 고민하는 부분이 많았을 거라고 생각합니다.

2   재단법인 한빛누리 〈부모교육〉 https://youtu.be/uKuIKZqCCQE

김: 북한에서는 구체적으로 어떻게 자녀를 양육하는지 그 특징을 조금 알려 주실 수 있나요?

람: 북한에서는 첫 번째로 생계와 관련해서 이제 먹고사는 일들이 굉장히 큽니다. 어떤 장마당에서 일을 하거나 그래야 되는 일상이 이제 그들의 환경이라고 볼 수 있는데요. 그렇다 보니까 남한처럼 정서를 일궈 주고 뭐 인정해 주고 칭찬해 주고 하는 일이 드문 것 같아요. 여기 남한사회에서의 양육 행동과는 조금 다른 모습을 보여주는 듯합니다. 조금 두드러진 특징 중 하나는 엄하게 훈육한다는 것입니다. 이거는 그들이 갖고 있는 어떤 효 관념과 연관이 되는 거 같은데요. 남한에서는 개인의 정서나 이런 부분을 중요시 하는데, 북한 같은 경우에는 당에 충성하는 것이 우선이겠죠. 그리고 어머니도 가부장적인 마인드를 갖고 아이들을 교육시키구요. 또한 먹고사는 문제가 시급하다 보니, 그래서 아이의 개성을 존중하기보다 스스로 잘 살아내기를 교육하는 것 같아요. 어떻게 하면 김정은에게 더 가까이 갈 수 있을까 하는 것, 어떻게 하면 잘 먹고 살 수 있을까 하는 생각이 주를 이루게 됩니다. 또는 이러한 사상 주입 교육이 북한주민들의 양육 행동까지 영향을 끼치는 것 같습니다. 구체적으로는 북한에서는 천 기저귀를 18개월 정도만 사용합니다. 여기서는 한 3, 4년 정도까지 기저귀를 사용하잖아요. 남한은 세탁기를 돌리잖아요. 그런데 북한 대부분은 손빨래를 해야 하는 경우가 많아서 아이들이 대소변을 잘 볼 수 있도록 어릴 때부터 훈련을 시키는 거죠.

김: 그러면 그러한 차이에 적응이 필요하다고 보시나요, 아니면 원래 하던 대로 해도 상관이 없다고 생각을 하시나요?

람: 기본적으로는 환경에 적응을 해야 되겠죠. 왜냐하면 여기에서는 교육 체계가 다르니까요. 또 여러 가지 어떤 가치관이나 이런 부분들이 차이가 나다 보니까. 남한 엄마들이 어떻게 아이를 양육하는지를 일차적으로 알아가는 것은 중요한 것 같아요. 그런데 중요한 것은 그들이 이제 여기의 문화를 알고 습득한 이후에 아, 내가 그렇다면 우리 아이를 어떻게 양육해야 되는가, 이것에 대한 방향성을 바로 잡는 것이 굉장히 중요한 거 같아요.

예를 들면 어린아이들도 학원에 보내게 되는데 옆집 엄마들이 학원을 보내니까 나도 보내야 되나 하는 고민을 하게 되잖아요. 이럴 때 내가 어떤 가치관과 철학을 갖고 아이를 훈육할지 결정해야 합니다. 그리고 그들에게 어떤 지침을 줘야 되는지. 아이들이 어떤 아이덴티티를 확립해가야 하는지를 알려주는 게 중요할 것 같습니다.

부모로서 정체성 확립의 중요성

김: 결론적으로는 어느 정도 남한 문화에 적응은 필요하지만 그래도 본인의 정체성을 지키는 게 중요하다는 말씀이신 거 같은데요. 그러면 북한 이탈 부모가 겪는 어려움들에 대해서 좀 말씀해 주실 수 있을까요?

람: 첫 번째로는 환경적으로 자녀 가족이 북한에 있는 경우들이 많은 것 같아요. 예를 들어 첫째는 데려왔지만 둘째는 남겨 있는 경우, 혹은 남편이 북한에 있는 경우, 아니면 자녀들의 의사에 따라서 나는 남한에 오지 않겠다고 하는 경우, 그리고 그 탈북 과정에서 가족이 해체되거나 다시 가족을 이룬 경우가 있죠. 또 중국에 가서 조선족을 만나고 결혼을 해서 아이를 낳고 다시 북한의 전남편과 낳은 아이를 데려오는 경우, 배다른 아이가 같이 생활을 하게 되는 경우가 있죠. 이러한 가족의 해체와 가족의 형성이 여기 남한에서의 경우와 많이 다른 것 같습니다. 근데 거기에 자녀 양육도 해야 하니까 힘든 거죠. 북한 자녀에게 돈도 부쳐야 되죠. 때로는 그들을 향한 그리움이 너무 커서 힘들기도 하구요. 희망적인 경우에는 내가 언젠가 돈을 모아 가지고 그들을 남한으로 데려와야 되겠다 하는 것도 있겠죠. 이러한 여

러 상황이 그들을 양육에 집중하지 못하게끔 하는 요인이겠죠.

김: 네. 그럼 이러한 어려움을 극복하거나 이제 정착을 위해서 개인이 조금 더 남한에 대해서 알아보고, 대신에 자기 정체성을 지키는 노력이 필요하겠네요. 정부나 지방자치단체에서는 그러면 어떠한 노력을 보이면 좋을까요?

람: 여러 가지 정책이 있겠지만 예를 들면 그들이 내가 부모로서 어떻게 임해야 되는지 그 생각의 기회를 가질 수 있는 장을 마련해주는 것이 필요합니다. 왜냐하면 그들은 여기서 해야 될 과업들이 굉장히 많습니다. 그래서 혼란스럽고 그리고 고독이나 외로움이나 이런 정서적인 경험들도 극복해야 되고 경제적인 것도 책임져야 합니다. 그렇다 보니까. 아, 내가 우리 아이를 그럼 어떻게 키워야 되는가, 그 정체성을 형성하는 것이 필요해보입니다. 그것은 뭐 지역사회 복지관에서 할 수도 있고 아니면 그들이 스스로 유튜브나 여러 가지 매체를 활용해서 생각의 기회를 간접적으로도 가질 수 있고 아니면 어떤 교육이나 프로그램 등에 적극적으로 참여하여 생각의 기회를 가질 수도 있을 것 같은데요. 그 장들의 문턱을 조금 낮춰서 활발하게 적극적으로 논의할 수 있도록 하는 게 중요할 것 같습니다. 그리고 또 하나는 그들이 갖고 있는 고유한 장점이 있어 보입니다. 그들이 이제 한국사회에 와서 여기 문화 체제에 동화되기만 하면 되는 게 아니라 북한인들 특유의 공동체 문화를 살려서 유지해도 좋을 것 같습니다. 그래서 내가 엄마로서 아빠로서 갖는 어떤 고유한 장점들 이런 것들을 스스로 발견할 수 있는 기회가 마련되는 것이 필요합니다. 사회 문화적으로도 그런 인식들이 좀 확산되는 것이 필요하다고 봅니다.

김: 남한에 오셔서 남한 부모님들이 자녀에게 집착하고 사교육에 너무 열을 올리는 모습을 보면서 저렇게 해야 되는지 아니면 북한에서의 그 정체성을 조금 더 지켜야 되는지에 대해 고민을 하셨을 것 같은데, 그분께 어떠한 조언을 해주실 수 있으실까요?

람: 저는 녹취록을 들으면서 그분이 자신만의 철학을 갖고 생각을 정리해 나가셨다고 봤습니다. 아, 물론 처음에 태권도도 보내보고 했지만 딸아이가 별로 잘 맞지 않는다, 적응을 못 한다, 그런 것을 알게 된 후에 이제 학원을 끊

게 되잖아요. 어 그러니까 학원을 끊고 우리 아이가 더 잘하는 건 무엇일까, 우리 아이가 즐겁게 할 수 있는 건 무엇일까, 그런 생각을 하셨다는 점이 굉장히 훌륭하다고 생각했어요. 주변에 휘둘리지 않고 그냥 우리 아이에게 집중해서 아이가 원하는 것을 집중해서 생각하셨다는 게 그 어머니가 잘하신 점이다, 이렇게 생각을 합니다. 그래서 특별한 조언이 필요하기보다는 그 어머니가 굉장히 양육에 대한 정체성과 철학을 스스로 잘 만들어가셨지 않았나 봅니다.

김: 끝으로 지금 남한에 계신 북한 이탈 부모님들께 전하고 싶은 말씀이 있으실까요?

람: 우선 내가 어떻게 우리 아이를 양육해야 되는지 그 주관적인 철학을 만들어 가실 수 있으면 좋겠습니다. 부모 교육 전문 서적의 맨 앞 챕터에 여러 가지 부모 교육과 관련된 이론이 있는데 내가 부모로서 어떻게 할 것인가, 무엇을 가장 잘하는 것인가 하는 질문은 공통적으로 서문에 들어가 있어요. 나는 북한에서 왔고 북한의 문화도 경험했고 남한의 문화도 경험했다는 것, 이것은 다중 정체성을 갖게 하는 중요한 대목입니다. 예를 들면 한국어도 할 수 있고, 중국어도 할 수 있고, 우리 아이도 그렇다면 그 언어에 대한 어떤 다중 정체성이 강점으로 작용할 수 있겠죠. 우리 아이가 사회성이 좋다면 그것도 우리 아이가 갖고 있는 어떤 장점이 될 수도 있다고 봅니다. 그래서 남한사회에 무조건 동화되고 여기 체제에 내가 맞춰서 살아야 되겠구나라는 그런 심리적인 압박감보다는 '아, 내가 북한에서 이러한 경험을 했는데 남한에 오니까 이런 점이 다르네.'라고 생각하면 될 것 같아요. 그러면 내가 여기서는 이런 부분을 흡수하고, 아닌 부분은 내가 기존에 갖고 있던 나만의 방식으로 살아나가야 되겠구나, 양육해야 되겠구나, 그런 것들을 조금 정리해 나가면 좋지 않을까 싶습니다. 하나 덧붙이자면, 북한도 최근에 양육에 대해서 분위기가 많이 바뀌었다고 해요. 예를 들면, 우리나라에서 아이들의 게임 중독 이런 것들이 이미 문제점으로 나타나고 있는데, 북한에서도 지금 스마트폰 중독이나 이런 것들 때문에 굉장히 또 골치가 아프다 그런 보도들이 있고요. 또 이제 평양이나 지역에 따라 다르겠지만, 과외를 시키기도 한다고 해요. 지금 이제 공교육이 북한 같은 경우에 무너

졌다 보니까 학교 끝나고 왔을 때 평양에서는 상류층에서 성공 가도를 목표에 두고 있는 친구들은 담임 선생님께 돈을 주고 그 선생님 집으로 가서 과외를 받는다고 해요. 그리고 과거에는 훈육이 중요했지만 이제는 정서를 일궈 주는 것이 중요하고 아이가 말을 안 들어도 칭찬을 해 주는 것이 중요하다고 하는 분위기라고 해요. 그래서 칭찬을 이러한 식으로 해 주세요, 라고 북한의 어떤 방송에서도 보도를 한다고 합니다. 그런 부분들이 최근에 많이 바뀌고 있는 거 같아요. 문화는 이렇게 많이 바뀌고 있지만 북한 당국은 이러한 남한 문화가 퍼지고, 사람들이 흡수하려는 것을 강하게 막는 그런 정책을 펴내는 것 같습니다. 이제 많은 북한 사람들이 폐쇄된 정책 안에서도 남한 문화 등의 여러 외부 정보를 알려고 하고, 남한의 문화를 궁금해하고 있어요. 그런 것이 북한의 어떤 문화인 것을 우리가 또 예측할 수가 있을 것 같습니다.

김: 아무래도 북한에 대해서 나오는 내용들이 제한적이기도 했는데, 이렇게 나와 주셔서 조언도 해주시고, 여러 정보도 공유해 주시니 많은 도움이 될 것 같습니다. 감사합니다.

마지막으로 예비 조사를 마친 후 김유진의 느낀 점을 간략히 소개하고자 한다.

"인터뷰를 진행하면서 개인적으로 사전조사 했던 북한의 교육제도에 관한 내용들의 진위 여부를 파악할 수 있어서 좋았습니다. 그리고 탈북민 부모가 남한에서 겪는 자녀 교육 및 양육에 관한 고충도 어느 정도 확인할 수 있었습니다. 물론 더 많은 분들의 이야기를 들을 수 있었다면 더욱 좋았겠지만, 이 한 번의 인터뷰도 탈북민 부모와 자녀들을 위해 필요한 교육 자료를 만드는 데 큰 도움이 된 것 같습니다. 향후 보다 많은 연구자가 미시체계와 일상생활에 관심을 기울여 부모양육, 부모자녀관계, 자녀관 등 가족과 관련된 여러 이슈에 관심 갖기를 기대합니다." (김유진, 20대, 대학생)

우리는 향후 기초조사의 내용을 토대로 기존에 계획했던 탈북여성 대상의 온라인 양육 프로그램 개발에 주력하여, 그들의 기능적인 양육을 돕고 그들이 보다 괜찮은 일상을 살아갈 수 있도록 연구할 계획이다.

‖ 참고문헌

고유환(2015). "분단 70년 북한연구 경향에 관한 고찰".『통일정책연구』, 24(1), 29-54.

국립국어원 표준국어대사전(2022). https://stdict,korean,go,kr.

김경희(2017). "남북한 사회통합 과정에서 여성·가족쟁점과 정책과제". 선진화 정책시리즈, 127-157.

김명선(2014). "탈북청소년의 학교생활 적응 과정 분석". 부산대학교 박사학위논문.

김소라(2015). "『조선문학』단편소설에 나타난 북한 결혼관 연구". 이화여자대학교 석사학위논문.

김현아, 조영아, 김요완(2012).『북한이탈주민 가족유형 분석 및 지원방안』, 서울: 남북하나재단.

김혜영(2017). "북한 가족의 특징과 변화의 불균등성: '고난의 행군기' 이후를 중심으로".『가족과 문학』, 29(1), 67-104.

도기숙(2007). "통일 이후 동독지역 여성문화의 변화: 동독여성운동을 중심으로". 한국독일어문학회, 38, 445-466.

두피디아(2024). https://www.doopedia.co.kr.

박윤숙(2009). "북한이탈 청소년의 일탈행동과 해결방안". 아시아교정포럼, 3(2), 1-23.

안연진(2012). "북한이탈주민가족의 가족문화특성에 관한 질적연구". 가톨릭대학원 석사학위논문.

윤인진·박영희·윤여상·장혜경·임인숙(2007). "북한이주민 가족의 사회적응과 가족관계의 변화".『한국가족복지학』, 12(2), 89-108.

이향규(2006). "새터민 청소년 학교 적응 실태와 과제".『교육비평』, 21, 193-207.

장민수 · 이재철(2016). "북한이탈주민 젊은 세대는 행복한가? 삶의 만족도 및 삶의 만족도를 결정하는 요인 분석". 경희대학교 사회과학연구원, 42(2), 277-301.

정영선(2018). "북한이탈청년이 인식하는 차별 경험에 대한 현상학적 연구".『한국청소년연구』, 29(4), 113-147.

정은미(2014). "북한주민의 의식주 생활과 사회변동".『亞細亞硏究』, 57(4), 142-173.

정진경 · 정병호 · 양계민(2004). "탈북 청소년의 남한학교 적응".『통일문제연구』, 42(2), 209-239.

정진아(2013). "남한주민과 북한이탈주민의 생활문화 기초조사-서울 · 경기 지역을 중심으로-".『역사문화연구』, 48, 211-254.

조은숙 · 김민경 · 김소영 · 권혜영(2020). "북한이탈주민 가족관계 증진 단기 프로그램 개발".『가족과 문화』, 32(1), 70-101.

천희영 · 옥경희(2012). "북한이탈주민 어머니의 부모신념 유형에 관한 연구".『한국가정관리학회지』, 30(3), 13-27.

최지영 · 박희진 · 윤보영 · 한승대 · 한재헌(2021).『북한 일상생활 공동체의 변화』, 통일연구원.

통일부(2024). https://unikorea.go.kr/unikorea.

한국교육개발원 탈북청소년교육지원센터(2023). https://www.hub4u.or.kr/main.do.

함재묵(2014). 2014, "남북통일 시 문화통합을 위한 민족문화콘텐츠 개발에 관한 시론적 연구". 대진대학교 통일대학원 석사학위논문.

홍승아(2013). "가족 관점에서 본 북한이탈여성의 정착과제-자녀양육을 중심으로".『統一問題硏究』, 25(2), 173-205.

Berndt, T. J., 1982, The features and effects of friendship in earl adolescence, *Child Development*, 53, 1447-1460.

Savin-Williams, R. C. & Berndt, T. J., 1990, Friendship and peer relations, In S. Feldman and G. Elliot(Eds.), *At the threshold: The developing adolescent*, Cambridge, Mass: Harvard University Press.

○ 저자소개

전주람(Jun Joo Ram) ramidream01@uos.ac.kr

1979년 서울에서 태어났으며, 성균관대학교 가족학(가족관계 및 교육, 가족문화)
으로 박사학위를 최종 취득하였다. 서울시립대학교 교육대학원 교수학습 · 상담심
리 연구교수로 2017년 7월부터 2019년 6월까지 재직했으며, 현재는 서울시립대
학교 교직부 소속으로 〈심리검사를 활용한 심리치료〉, 〈심리학의 이해〉를 가르치
고 있다. 아울러 서울가정법원 상담위원으로 2014년부터 최근까지 활동 중이며,
2022년부터는 통일부 통일교육위원으로 활동하고 있다. 지속적인 연구 관심사로
는 가족관계, 부부회복, 문화갈등, 남북사회문화 등이 있다. 주요 논문으로는 「50
대 부부갈등을 겪는 중년 부부의 변화유발요인과 호르몬 변화에 관한 가족치료 사
례연구」(단독), 「20대 이혼을 결심한 신혼기 부부에 관한 가족치료 사례연구」(단
독), 「북한이주민과 근무하는 남한사람들의 직장생활 경험에 관한 혼합연구」(공
저) 등이 있으며, 저서로는 『절박한 삶』(공저, 2021년 서울대학교 다양성위원회
선정도서), 『20대에 생각해보지 않으면 후회할 것들』(공저, 2022), 『21세기 부모
교육』(공저, 2023년 세종도서 학술부문 선정도서), 『다음 세대를 위한 남북주민통
합: 접촉, 일상, 공존』(공저, 2024), 『북한이주민과 정체성』(공저, 2024), 『북쪽 언
니들의 강점 내러티브』(공저, 2024) 등이 있다. 2016년 KBS 〈생로병사의 비밀: 뇌
의 기적〉 600회 특집에 부부상담사로, 2021년 KBS 〈통일열차 일요초대석〉에 출
연하였다.

곽상인(Gwak Sang In) gwaksi@uos.ac.kr

1976년 전남 진도에서 출생했으며, 현재 서울시립대학교 자유융합대학 교양교육
부 교수로 재직 중이다. 학생들에게 주로 (인)문학을 비롯, 다양한 형식의 글쓰기
를 강의하고 있다. 2024년부터는 통일부 24기 통일교육위원으로 활동하고 있다.
2002년 제2회 〈사이버문학상〉에 단편소설 「타래」로 입선했으며, 「상처에서 벗어
나거나 혹은 공존하거나(1-2)」(『시와 산문』, 2017년 겨울)로 평론 데뷔를 하였

다. 주로 현대소설에 나타난 인물들의 심리 분석을 연구해 왔으며, 최근에는 소설과 영화, 문화 현상 및 북한이주민과 관련해 연구를 진행하고 있다. 「현대소설에 나타난 문신(tattoo)의 유형과 그 의미」, 「채만식 수필에 나타난 근대 공간 속 타자들의 질병」, 「영화 〈국제시장〉에 나타난 시간과 기호의 서사」, 「황석영의 〈바리데기〉에 나타난 환상 서사」 외 다수의 논문을 발표한 바 있으며, 저서로는 『이병주』(공저, 2017), 『절박한 삶』(공저, 2021년 서울대학교 다양성위원회 선정도서), 『20대에 생각해보지 않으면 후회할 것들』(공저, 2022), 『소통 · 창의 · 공감의 글쓰기』(공저, 2022), 『북한이주민과 정체성』(공저, 2024), 『북쪽 언니들의 강점 내러티브』(공저, 2024) 등이 있다.

김유진(Kim Yu Jin) kyujin099@naver.com

20대 대학 청년으로 서울시립대학교 경제학부에 재학 중이다. 서울시립대학교 서비스러닝을 통해 탈북 아동과의 만남을 시작으로 1년 이상 그들의 학습을 돕는 멘토 역할을 해오고 있다. 최근에는 2023년 한빛누리 민족화해 지원사업 공모전에 〈탈북민 부모대상 부모교육 강연 프로그램 및 온라인 콘텐츠 제작〉이라는 제목으로 수상하여 사회통합과 탈북민의 안정적인 정착에 관심을 기울이고 있다.

북한이주민과 미시환경

부모, 친구와 행복

초판인쇄 2024년 04월 30일
초판발행 2024년 04월 30일

지은이 전주람 · 곽상인 · 김유진
펴낸이 채종준
펴낸곳 한국학술정보(주)
주 소 경기도 파주시 회동길 230(문발동)
전 화 031-908-3181(대표)
팩 스 031-908-3189
홈페이지 http://ebook.kstudy.com
E-mail 출판사업부 publish@kstudy.com
등 록 제일산-115호(2000. 6. 19)

ISBN 979-11-7217-301-2 94330